传递价值

茅台文化力
聚合发展之势

张小军　马玥　熊玥伽　著

电子工业出版社
Publishing House of Electronics Industry
北京·BEIJING

未经许可，不得以任何方式复制或抄袭本书之部分或全部内容。
版权所有，侵权必究。

图书在版编目（CIP）数据

茅台文化力：聚合发展之势 / 张小军，马玥，熊玥伽著 . —北京：电子工业出版社，2022.12

ISBN 978-7-121-44479-1

Ⅰ．①茅… Ⅱ．①张… ②马… ③熊… Ⅲ．①茅台酒－企业文化－研究 Ⅳ．① F426.82

中国版本图书馆 CIP 数据核字（2022）第 208340 号

出版统筹：刘声峰
责任编辑：黄 菲　　文字编辑：刘 甜
印　　刷：天津善印科技有限公司
装　　订：天津善印科技有限公司
出版发行：电子工业出版社
　　　　　北京市海淀区万寿路 173 信箱　邮编：100036
开　　本：720×1000　1/16　印张：19.5　字数：285 千字
版　　次：2022 年 12 月第 1 版
印　　次：2022 年 12 月第 2 次印刷
定　　价：80.00 元

凡所购买电子工业出版社图书有缺损问题，请向购买书店调换。若书店售缺，请与本社发行部联系，联系及邮购电话：（010）88254888，88258888。

质量投诉请发邮件至 zlts@phei.com.cn，盗版侵权举报请发邮件至 dbqq@phei.com.cn。

本书咨询联系方式：1024004410（QQ）。

总　序
大历史格局中的中国茅台

生于赤水河畔，源于秦汉，发扬于唐宋，成形于明，繁华于清，盛于当代，这就是中国茅台。穿越历史见证华夏文明演变，历经岁月更迭与经济发展，才有了今天茅台的千年传承、百年跨越、时代使命。

茅台演化于山谷文明，傍山而成，依水而存。川盐入黔后，借助盐道东风，誉遍中国大江南北。1915年，在巴拿马万国博览会上的惊艳亮相，使茅台一举走向世界，成为中国民族品牌的一张名片。此后，中国茅台不断在世界上获得多项殊荣，成为名副其实的世界三大蒸馏名酒之一。

从1951年国营建厂到2021年启动"十四五"规划，茅台从39人到4.3万余名员工，从酿酒烧房成长为现代化企业，从西南一隅走向全球舞台。回看历史，着眼当下，展望未来，以大历史观和世界观来看，茅台是生于斯长于斯的中国茅台，是将中国古老的农业文明带向今天现代文明的标志性案例，是在科技进步推动人类不断向前演进中，依然传承千年工艺、坚守品质

的范本。

我们研究茅台案例,是从中国管理学史的创新发展出发的。在世界范围内,早在20世纪初,美国、日本等国家便有了基于企业实践案例的管理学思想,并持续影响世界。今天,越来越多的中国企业走向世界,并在世界发展大格局中赢得一席之地,我们应该有这样的自信,可以从中国企业实践中抽象总结出经典的管理学思想与发展逻辑。无疑,茅台应该作为这样的范本,得到剖析。

本系列书首次客观、系统地探索茅台为什么成、茅台为什么独特、茅台为什么能等问题。作为头部企业观察者、记录者、研究者,得益于国家的飞速发展,也得益于企业实践的丰富多彩,我们有了更多样化的蓝本,同时,我们始终心存敬畏,坚持真实客观地进行解读,以期完整、系统地还原企业发展的实践与演变。

缘何发起茅台之问

大众对茅台并不陌生,在人们心中,茅台酒是好酒的代名词,茅台是中国民族品牌,茅台文化是中国白酒文化的杰出代表。但为何还要发起茅台之问?皆因大众对茅台往往"知其然不知其所以然",甚至对"茅台是什么"这个问题的答案也并非完全熟知,因此,我们回归知识最初的三个层面,解读"茅台是什么""茅台为什么""茅台怎么样"。

茅台是什么

首先，茅台是一瓶酒，这是它的产品属性，但是这瓶酒代表了中国白酒酿造工艺的最高水平。茅台从历史中走来，带着悠久的记忆。茅台酒的工艺最早可以追溯到两千多年前，从西汉的枸酱到唐代的钩藤酒，再到之后的纯粮酒，原料从最初的水果变成粮食，技艺传承从口口相传到师带徒再到形成理论规范。这一路演进变化，吸纳了许多创新思想、方法，经过了数代酿酒人的传承和精进，才成为中国酿造工艺的高水平代表。

其次，茅台是一家企业，年营收过千亿元。旗下贵州茅台2021年年报显示，公司实现营收1 061.9亿元，同比增长11.9%；实现净利润524.6亿元，同比增长12.3%。

最后，茅台是中国白酒领军企业、国际知名白酒品牌，是2021年"BrandZ™最具价值全球品牌100强"排行榜唯一上榜的中国白酒企业，品牌价值达到1 093.30亿美元，在世界级烈酒企业中单品销售额高居全球第一，更在2021年首批入选中欧地理标志产品。

茅台为什么

茅台集团党委书记、董事长丁雄军认为，传承好茅台基因，关键在于回答好三个"为什么"——为什么离开茅台镇酿不出茅台酒？为什么茅台酒好喝？为什么茅台酒越陈越香？

丁雄军从茅台的生态、品质和时间密码三个维度回答了

"茅台为什么"。茅台酒的高品质离不开所处的生态环境：赤水河谷独特的微生物环境，造就了酿造茅台酒的15.03平方公里核心产区。同时，茅台酒的高品质也来自对传统工艺的坚守与对质量的把控：一丝不苟、心无旁骛、用心呵护，只为酿造一瓶好酒。独特的生态环境与对高品质的要求，可谓地利人和，再加之酒是时间的产物，是时间的瑰宝，也就有了茅台酒越陈越香的特质。

茅台怎么样

经历70多年的发展，从起步到辉煌，茅台作为一家实业企业、一个民族品牌，历来以国企使命、社会担当为己任。从发展路径来看，茅台不以追逐利润最大化为目标，始终保持自身的定力，稳定增长，这从产能与产量方面便可看出。在社会担当方面，茅台在2009年发布了第一份社会责任报告，到2021年，已经连续发布了13年，这是行业唯一，亦足见其对"责任为王"的坚守。在国企使命方面，无论公益还是社会，抑或环境，茅台在社会公益、脱贫攻坚、生态保护、行业竞合等方面，都体现出了大品牌、大担当的格局与胸怀。

百年风雨，四时更迭，中国企业经历波澜壮阔的社会变迁与时代变革，从落后到追赶，从赶超到跨越，实现了中国商业的进化与崛起。但像茅台这样的企业，能从历史长河中走来，并跟着新中国的号角发展，在足够长的时间内以质为本，把质量当成生命之魂，并不多见。

高质量发展的顶层设计

党的二十大报告强调:"高质量发展是全面建设社会主义现代化国家的首要任务。发展是党执政兴国的第一要务。没有坚实的物质技术基础,就不可能全面建成社会主义现代化强国。必须完整、准确、全面贯彻新发展理念,坚持社会主义市场经济改革方向,坚持高水平对外开放,加快构建以国内大循环为主体、国内国际双循环相互促进的新发展格局。"自党的十九大报告提出"高质量发展"以来,着力推动高质量发展,就被摆在了突出位置。

茅台集团党委书记、董事长丁雄军在2021年9月24日召开的贵州茅台酒股份有限公司2021年第一次临时股东大会上指出:"立足新秩序重塑期、新格局形成期、新改革攻坚期'三期',走好蓝绿白紫红'五线发展道路'[一],按照'聚主业、调结构、强配套、构生态'发展思路,着力把股份公司打造成为世界一流的上市企业。"之后一年时间,茅台从顶层设计上提出坚定不移走好"五线发展道路",出台推进生产高质量发展的实施意见,提出"五匠质量观"、"五合营销法"、构建现代供应链生态圈,高质量发展体系基本成型。

在新时代、新语境下,茅台以高质强企为追求,赋予质量

[一] 五线发展道路是指蓝线、绿线、白线、紫线和红线。蓝线发展是愿景目标,绿线发展是低碳环保,白线发展是改革创新,紫线发展是茅台文化,红线则指环保底线、腐败高压线和安全生命线。

全局意义,丰富质量的内涵。企业发展不仅要确保生产质量,也要提高服务质量、经营质量、管理质量等,只有完善"大质量"管理体系,才能在高质量发展之路上阔步前行。

从"以质量求生存"的文化根源,到"视质量为生命"的文化提升,再到"质量是生命之魂"的文化升华,茅台正在做好质量文化的顶层设计,让"质量是生命之魂"成为新时代引领茅台高质量发展的精神信仰和价值追求。为呵护生命之魂,茅台提出遵循"五匠质量观"(匠心、匠魂、匠术、匠器、匠人),构建"365"质量管理体系,做到"事事都要质量官、处处都有质量官、人人都是质量官",形成时间轴、空间轴和人物轴"三轴"紧扣的质量管理链条。

志之所趋,无远弗届。新体系的构建展现了茅台面向高质量发展的雄心壮志。它将坚守大国企业的时代责任,牢记使命,坚持胸怀天下,坚持开拓创新,不畏风雨艰险,不为干扰所惑,以"咬定青山不放松"的定力创造价值,实现目标。

以高质量发展为中心,茅台形成了清晰的思路,对自身发展战略有着客观认知,从而建立了完整模型,做到有的放矢、精准施策。当然,未来的不确定性始终存在。在科技创新、国际化发展、对标世界一流企业的过程中,茅台需要解决层出不穷的难题。外部环境也不可控,消费时代变迁、市场周期波动,以及类似新冠肺炎疫情、食品安全问题、产业链重构这样的"黑天鹅""灰犀牛"事件,都是茅台随时要面对和抵御的风险。各种不确定性让研究茅台变得更有价值,让人们更加想要了解它如何在"五线发展道路"上行走，以实现预期的高质量发展目标。

生于忧患，死于安乐。企业应常怀远虑，居安思危。茅台将以质量为魂，以消费者为王，以责任为根本，以归零心态拥抱创新，开拓奋进，劈波斩浪，一往无前。

剖析中国商业的样本

2021年是茅台国营建厂70周年，也是贵州茅台上市20周年。

在茅台建厂70年的历程中，这一年是非常短暂的，却有着特殊意义。全球新冠肺炎疫情的发生改变了人们的生产生活方式，在新秩序重塑期、新格局形成期、新改革攻坚期"三期"叠加时代，我们不仅能够触摸茅台的过去，还有幸看到一个快速创新求变、焕发新姿态的茅台。

自中华人民共和国成立至今，从计划经济时代到社会主义市场经济时代，从物资紧缺到消费升级，从百废待兴到成为世界第二大经济体，中国社会经济发生了翻天覆地的变化。茅台亦从作坊到国营酒厂，再成长为年营收过千亿元的白酒行业领军企业，经历了从奠基立业到改革兴业，再从转型大业到高质强业的四个阶段。毫无疑问，在中国经济波澜壮阔的发展历程中，茅台演绎了精彩的故事。其中，既有产能破百吨、千吨、万吨的艰难挑战，也有年营收突破百亿元、千亿元的高光时刻，还有不断创新高的市值，以及从1个主品牌到"1+3+N"的

茅台文化力

品牌版图进阶。

作为国营酒厂,茅台是国家轻工业发展的实践者、亲历者;在市场经济时代,茅台的发展是中国经济发展的缩影;身为白酒行业领军者,茅台为行业贡献了大量宝贵经验;作为高质量发展的品牌标杆和范本,茅台走在时代的前列。研究中国企业,一定离不开对茅台的研究。从商业角度剖析茅台,就是从一个最重要的样本角度记录中国企业的发展史。

考拉看看一直以记录为己任,认为从商业的视角来洞察、解读历史,是为了更好地走向未来。真实客观地解读茅台,可以为人们研究中国企业、研究中国白酒行业、研究茅台提供素材,可以让后人理解茅台在过去是如何创造奇迹的,也可以让更多人期待茅台的明天。

因此,在2020年,我们调研创作了《这就是茅台》,以全局视角洞见茅台,全景式解读茅台的成长逻辑。与此同步,团队从战略、文化、品牌、科技、管理及产品等多角度着手,更深入地挖掘茅台价值,揭开千亿企业的面纱。对于一个有着70余年历程、4万多名员工、年营收超千亿元的企业而言,只有从不同角度进行展现和剖析,才能让它更清晰、更立体,也更真实。

凝结茅台"五力"

站在大历史观角度看今日的茅台,考拉看看头部企业研究中心试图挖掘茅台这一标杆背后的商业逻辑,从时间维度、战略维度、管理维度、文化维度、业务维度出发，概括出茅台所具备的稳健、继承式创新、顺天应时、价值创造、稀缺性、高壁垒等多种特质，最终提炼出了茅台高质量发展的五大核心力量——工匠力、创造力、定力、美誉力、文化力，它们共同托起了茅台的理想和希望。

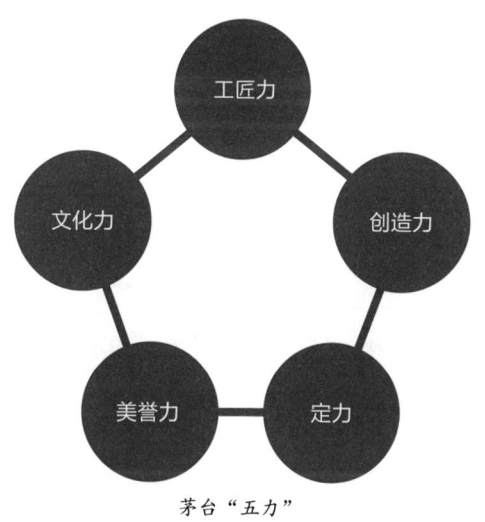

茅台"五力"

工匠力：工匠力是茅台行走于高品质之路的强大动力，呈立体攀升的态势。人、尺度和持续性是其立体化的重要支撑。这种力量具有不可复制的特性，从时空融合到人工技艺，都是时间、空间、人共同打造的独特集合。茅台工匠力不仅是产品品质的重要支撑，也是和大国工匠力可堪比拟的力量。工匠力持续积累、爆发，推动茅台的成长，使其成为大国工匠的先行者，并将助力茅台创造更辉煌的未来。

创造力：创新是指创造新的事物、方法，并能获得一定效

果的行为。而创造，则是包含创新含义的更大范围的概念，它是企业有意识的、主动的行为。在创造力的作用下，茅台自信满满、活力四射，通过极具智慧的思考、巧妙的方法、勤劳的双手，不断迎接挑战、解决问题，实现跨越式发展，开创行业先河，并为社会贡献力量。创造力是茅台的内生动力，塑造了茅台的今天，并将带领茅台拥抱未来。

定力：《无量寿经》卷下记载："定力、慧力、多闻之力。"其中，定力意味着注心一境，不散乱，有极强的意志之力。茅台的定力来自茅台对国家的热爱、对使命的坚定追求、对行业深刻的认识与洞察、对产品的信仰与情怀、对市场的敬畏、对消费者的尊重与善待。正是这样的力量，让茅台能够在历史长河中坚守正道，抵抗诱惑，抵御风险，历经苦难，迎来今天的成就。

美誉力：美誉力是企业产品、服务、营销、文化及品牌等因素的综合体现，它有双向生长的路径。内生的力量能构建茅台品牌生长路径，深入品质特性，展现品牌性格，彰显企业风范。外生的力量形成于外部环境中，来自消费者、经销商、供应商及其他社会群体的正向反馈。美誉力对于企业品牌占领用户心智、树立行业自信、开拓全球市场、传播中国文化有着驱动作用。这种看不见的力量让茅台美誉持续绽放，提升市场竞争力，筑造抗风险的坚固城墙。

文化力：由茅台文化投射出的茅台文化力，是基于茅台文化内涵的一种张力，是价值观和秩序的重建能力。对于茅台内部而言，它构建了企业的内部凝聚力和发展力；对于消费者而言，它重新定义了一瓶好酒的价值。对于行业而言，它重构了行业的格局和秩序。从微观来看，文化是助推茅台成功的关键力量，茅台成功的一个决定性因素就在于对文化的深度挖掘与融合。从宏观来看，茅台文化力折射出了中国文化复兴的光辉，亦是白酒文化的代表性力量。

基于此，我们将茅台"五力"凝聚为五部作品，即《茅台工匠力》《茅台创造力》《茅台定力》《茅台美誉力》《茅台文化力》，融合商业、文化、社会学及品牌等视角，通过模型构建，用场景化、主题式、切片式的方式，对每一种力量进行阐释，研究其形成的原因、赋能企业发展的路径及未来发展方向。

站在"两个一百年"奋斗目标的历史交汇点，征途漫漫，唯有奋斗。站在茅台建厂70周年的新起点，面对未来的无人之境，无限风光在险峰，唯有前行，不负韶光。在新征程上，我们期待茅台继续埋头苦干、自我革新、勇毅前行，创造更辉煌的未来。我们更相信，以茅台为代表的高质量发展样本企业，一定能够不负使命、攻坚克难，迎来更伟大的胜利和荣耀。

时光总是向前，奋斗永不停歇。循梦而行，向阳而生，所有美好，终将绽放。欢迎读者与我们交流，我们的电子邮箱是：5256100@qq.com。

张小军　马　玥　熊玥伽

2022年11月1日

特别说明：

每一个汉字都承载着特定的文化信息，具有丰富的文化内涵，"茅台"这个词在本书的写作中，除非有特定语境，均为茅台集团或茅台酒的简称，具体理解与描述语境相关。在本书中，中国贵州茅台酒厂（集团）有限责任公司简称茅台集团，贵州茅台酒股份有限公司简称贵州茅台，贵州茅台酒厂（集团）习酒有限责任公司（2022年9月9日，贵州习酒投资控股集团有限责任公司揭牌）简称习酒，其他涉及茅台集团的分公司、子公司，本书尽量采用类似的简称进行描述。

前　言
茅台文化力与中国文化自信

茅台酿酒历史及文化，源远流长，底蕴深厚，至今极少有能与之媲美者。西汉司马迁《史记》记载"枸酱酒"，番阳令唐蒙因枸酱甘甜味美，将其献给汉武帝，汉武帝大为赞赏。清代乾隆年间，川盐经赤水河入黔，茅台镇成为重要码头，茅台酒悄然兴起，据推算，距今也近300年。再往后，从民国时期的民间酿酒烧房，到中华人民共和国成立后国营茅台酒厂的发展，伴随茅台形成的文化，绵延至今。

今天我们讨论茅台文化，脱离历史来谈不行，从根儿上说，茅台文化是有民族历史性的；脱离今天来谈也不行，文化不是虚的，文化是一切生活的总体，是一个民族生活的总体，把一切生活都包括起来。[一]这就让文化有了人格精神，比如，白兰地有法兰西人的人格，优雅、浪漫、古老；伏特加有俄罗斯人的人格，豪放、粗犷；茅台也有中国人的人格，顽强、生生

[一] 钱穆. 从中国历史来看中国民族性及中国文化 [M]. 北京：中华书局，2016.

不息。不管是白兰地还是伏特加，放眼全球，能与一国、一民族息息相关、紧密相连的，还是以茅台最为典型。

这本书讲的正是茅台文化与茅台文化力。自古至今，书写茅台文化的人甚多，从农耕文明到中国酒文化，从西南河谷到赤水河，从工艺文化到商业文化……诸如此类，都说明了茅台文化本身的厚度足够厚，承载意义足够大。作为商业案例研究者，我们更希望能够从茅台文化本身抽离出一种普遍性，站在当下总结过去，思考未来。核心是如何将茅台文化与时代语境结合起来，以读者身份读懂茅台文化；如何让人们对茅台文化可见可感。这就有了四个方面的思考：

一是茅台文化与时代语境的关系；

二是茅台文化力的形成与作用；

三是大众看得见、摸得着的茅台文化；

四是文化赋能引领茅台高质量发展。

在思考这四个方面之前，我们有必要先讲清楚茅台文化力。

文化本身不难理解，从哲学的层面看，文化的含义大致分为三种：一是大文化，是指人类用自己的双手和智慧创造的一切，包括物质文化、精神文化及制度文化；二是中文化，是指人类的精神生活，即意识形态范畴；三是小文化，是指文学艺术之类的文化，是精神文化中的一部分。

显然，茅台文化是一个大文化的概念。它是茅台人所创造的物质、精神和制度的总和,是茅台人的集体人格。虽然茅台文化很大,但它仍有内涵和核心。茅台文化的内涵和核心,是茅台人共同创造和守护的工艺、品质、品牌及环境等综合的文化体,是茅台在历史长河的发展演变中沉淀的历史、工艺、人文精神和地缘文化。在这个过程中,茅台文化不是一成不变的,它不断吸纳外部文化,重复"生发—吸纳—融合—升华—再生发"这样一个过程,才形成了今天我们大家常常探讨的茅台文化。

那么,为什么要提出文化力这个概念呢?可以说,此前少有将茅台文化上升至文化力的研究出现,考拉看看头部企业研究中心认为,茅台文化已经形成了对自身、对外部的强烈作用力,这种力量也是所有商业企业中极少出现的。文化力从文化中来,它是基于茅台文化内涵的一种张力,是价值观和秩序的重建。文化是一种价值主张,文化习俗是一种规范秩序。茅台文化力由茅台文化透射而出,作用于企业内部和外部的整个行业和受众。对茅台内部而言,文化力构建了企业的凝聚力和发展力;对受众而言,它重新定义了一瓶好酒的价值;对行业而言,它重建了行业的格局和秩序。

茅台文化力给白酒行业和受众都带来了深刻的转变,甚至成为一种文化象征和符号,形成了极强的文化说服力。

茅台文化力为什么如此重要,如何展开?这本书我们力求贴近真实,去繁就简,回归本质,也就有了以下四个方面的深入思考。

一是茅台文化与时代语境的关系，茅台文化是民族复兴与文化自信下的强烈体现。

茅台文化的强大，离不开中国的强大。国家坚实的经济基础是文化复兴的土壤。从历史上出现过的强国的发展经历，可以总结出，当一个国家的文化表现超出物质和货币资本的影响时，意味着这个国家的经济进入了更高的发展阶段。

2021年2月28日，国家统计局《2020年国民经济和社会发展统计公报》披露：我国经济总量突破百万亿元大关，全年国内生产总值约101.6万亿元，比上年增长2.3%，是全球唯一实现经济正增长的主要经济体。

2021年7月1日，习近平总书记宣告，我们实现了第一个百年奋斗目标，在中华大地上全面建成了小康社会，历史性地解决了绝对贫困问题。这是中华民族迈向伟大复兴的关键一步。

国运昌盛，文化复兴是必然。1921年梁漱溟先生在其著作《东西文化及其哲学》中讲到，世界未来文化就是中国文化的复兴。文化复兴，传统文化的价值回归亦是必然。茅台引领了传统白酒文化的复兴，是中国文化自信在白酒领域的典范。

酒生于洪荒，存于邦国，兴于盛世，是世界上最具有文化意义的产品之一。而茅台酒是中国酒文化的典范。它从农耕文明中走出，代表着中国人的性情，也代表着中国酒的卓越。新加坡著名媒体人林耀辉曾说："如果要把中国装在一个酒瓶中的话，那么这个瓶子一定是茅台。"

茅台是中华民族的一种文化符号和白酒文化的代表性力量。茅台文化力折射出了中国文化复兴的光辉。这是我们研究茅台文化的宏观背景。

二是茅台文化对茅台发展起到关键作用，是一种不可忽视的作用力。

从1951年茅台建厂到2021年这70年的时间里，茅台随着中国的命运而发展，在一个又一个重要历史节点上，茅台身上一直有着大国酒企的使命担当。如今，茅台是万亿元市值、千亿元营收企业，也是世界三大蒸馏酒之一。回顾过去，我们可见，茅台历来坚守的工艺、品质、品牌、环境、人文、民族及责任等文化起到了决定性的作用。

茅台文化的形成是自发自觉到生发升华的过程，先有历史的成因，再有商业化的演进，与其他企业不同的是，茅台文化不仅是茅台自身的文化，还包括外部赋予它的文化，由内向外，由外向内。这些外部的力量包括地缘力量、国家力量、受众力量，等等。那么，今天的茅台文化力体现在哪些方面？总结来看，同样是对内与对外两方面，可以说，茅台文化对内切实管用，对外可资借鉴。

对内，文化在茅台内部形成了强大的凝聚力。茅台人（包括相关合作方）对茅台文化的认同感非一般企业能比，这种高度的文化认同与精神品格的一致为茅台发展带来了强大的动力。

对外，茅台文化在消费者群体里形成了强大的品牌影响力。

茅台历来重视文化的传承与传播，持之以恒地影响消费者，关注消费者的文化精神消费，已经形成了坚实的茅台粉丝群体。

这两种作用力让文化成为茅台发展的原动力、凝聚力、推动力、影响力，也是茅台能够成为民族品牌、大国品牌的重要因素。

三是我们如何讲述及传播大众看得见、摸得着的茅台文化。

钱穆先生说过，文化是一切生活的总和，是综合体。那么，再高深的文化，也需要贴近生活，需要获得广大人民的喜爱。茅台从"卖酒"到"卖文化"，以文化传播引领消费者，放在白酒行业乃至中国商业中看，茅台对于文化的挖掘和打造，是始终贴近消费者的。

茅台文化将中国酒文化、中国传统文化故事讲得最为透彻。茅台酒诞生于一片酿酒的福地和宝地，两千多年酿酒渊源、独特的地域民族文化、世代茅台人的性格，都是茅台文化的底色。茅台文化从融合文化中形成，因而骨子里就有包罗万象的基因，经过漫长的演变之后，更加成为一个综合体。茅台不断挖掘这些历史人文故事，持续传播给大众。

同时，茅台文化持续讲工艺、讲品质、讲环境、讲生态，茅台文化已经跳出产品文化和企业文化的小范围，扩大到围绕酒文化去展开。这在商业案例中也是极其突出的。总之，茅台通过不断推出文化故事，实现了文化上的跃升。茅台文化资源的先天优势，决定了茅台品牌的后天长势。茅台也利用文化，抓住了品牌升级的历史机遇，为今天行业领头羊的地位做了铺垫。

四是茅台文化如何引领茅台高质量发展，自身继续升华文化内涵，对外走向世界。

新时代的内涵之一是高质量发展，茅台是民族品牌、中国制造的典范，文化同样需要进一步升华：一方面继续升华茅台文化的内涵；另一方面要走向世界，赢得世界的更多认同。

2018年，从茅台文化到文化茅台的转变，彰显了茅台文化的天下观和家国态度。而在2021年，茅台则提出要把中国酒文化发挥到极致，从"人"系列、"文"系列、"物"系列、"艺"系列、"礼"系列、"节"系列、"和"系列、"史"系列、"器"系列九个方面着手，多角度、全方位解析和丰富茅台的文化生命力，由内而外形成更加强大的文化聚合力、品牌扩张力和核心竞争力，推动茅台的高质量发展。

文化没有边界，文化可"平天下"。在新的机遇中，我们期待茅台文化能勇担传播中国文化的历史使命，借着新时代东风，讲好中国白酒故事。

本书围绕上述核心思想展开，力求通过第三方视角，解读茅台文化和茅台文化力，探寻茅台成功的原动力。全书一共分为五章：

第一章聚焦"茅台文化力是什么"这一核心命题，开门见山地引出本书主题。要回答茅台文化力是什么，必须回到茅台

文化本身，从茅台文化的内涵开始谈起。不是所有文化都能形成文化力，从茅台文化到茅台文化力是怎样的逻辑？茅台文化力又是如何进行价值观和秩序的重建的？这些疑问都会在本章得到解答。

第二章主要围绕"茅台文化如何形成"而展开，主要关注茅台文化形成的历史路径和演变阶段。茅台文化的形成大致可以分为四大演变阶段：原发性文化阶段、商业化早期的文化演变、自觉性文化阶段和消费升级阶段的文化升级。茅台文化从原初的、自发的文化，发展为自觉的文化建设，经历了两千多年时间。本章摘取茅台文化的发展演变中的一些节点性事件，还原茅台文化的生长路径及其深厚的历史底蕴。

第三章探讨茅台文化力因何强大、为何领先。道格拉斯·霍尔特和道格拉斯·卡梅隆在著作《文化战略》中提到一个词语：文化表述。追根溯源，我们发现茅台文化力强大的原因，就是其形成了难以比拟的强文化表述。借用两位学者文化表述的模型，本章从学理的角度分析了茅台文化力为什么这么强大，解读了茅台文化力的护城河。

第四章关注茅台文化如何传播，解读了茅台文化独特的传播模式。茅台文化传播的成功之处，不只是简单的文化输出，而是构建了一个共创、共建、共享文化的大文化生态。本章主要阐述茅台的大文化生态体系，从内外两大系统、六个渠道详细解析茅台文化的传播之路。汇聚各方力量，实现良性循环，这是茅台文化传播值得借鉴的模式。

第五章基于前瞻性的观察和展望，分析茅台文化未来将走向何方。茅台形成了强大的文化力，也有如此宽广的文化传播渠道，在行业中处于引领地位，但是茅台文化也面临着挑战和危机。不过，在挑战和危机之中，茅台文化也有广阔的发展空间。未来，茅台如何在变革中将挑战转化为机遇，走向海外，用文化连接世界，是需要茅台深入思考的问题。

希望本书为读者研究茅台文化和茅台文化力打开一扇窗户，也希望读者能对文化力一词有所感悟。愿所有读者合上这本书时，心中会浮现出一句话：原来这就是茅台，这就是茅台文化力。其影响着贵州，影响着中国，同时，也影响着全世界。

目 录

01 价值观和秩序的重建

- 茅台文化大追寻 003
- 从茅台文化到茅台文化力 021
- 价值观重建 034
- 秩序重建 048

02 茅台文化的生长演进

- 原发性文化阶段 061
- 商业化早期的文化演变 087
- 自觉性文化阶段 102
- 消费升级阶段的文化升级 120

03 文化力护城河

- 文明与信仰 129
- 茅台历史故事 145

- 民族精品　162
- 强文化表述的能量　172

04 茅台大文化生态体系

- 茅台文化生态共同体　187
- 茅台文化内生系统　195
- 茅台外部环境系统　217

05 茅台文化无边界

- 挑战：文化力感染的壁垒　235
- 机遇：民族复兴与文化自信　250
- 变革：走出舒适圈　260
- 国际化：文化连接世界　272

后记　茅台的文化哲学　281

01

价值观
和秩序的重建

茅台文化力是茅台成功的原动力。文化对于社会发展和变革的推动是本源性的；文化力对于茅台在市场中突围制胜，也是本源的力量。要想探究茅台文化力，就要首先探究茅台文化。

茅台文化是一个很大的命题。茅台首先是一瓶酒，诞生于人们对工艺、品质和品牌的坚守，有了这瓶酒，才有酒蕴藏的文化。围绕这瓶酒而产生的茅台文化，是在茅台酒的历史长河中形成的物质、文化、精神、环境与人等综合作用的结果。

基于茅台文化的核心内涵，才产生了茅台文化力。文化力从文化中来，对于企业内部和外部都有强大的塑造力量。对内，茅台文化力构建了企业的内部凝聚力和发展力；对外，茅台文化力面向更广泛的受众和行业，进行了价值观和秩序的重建。

茅台文化大追寻

茅台文化之问

2021年8月，在搜索引擎中输入"茅台文化是什么"，会搜索出大约6 970 000个相关结果。从上往下看，搜索结果中的关键词有：茅台企业文化、茅台酒文化、茅台历史文化、茅台精神……凡此种种，不一而足。

茅台文化是什么？一千个人心中就有一千个茅台形象，对于茅台文化的理解也是千人千面。为了开放式地寻找茅台文化，我们走访了大量的调研对象，以期回答"茅台文化是什么"这个问题。

从调研的反馈中，我们能看到茅台文化的多种"成像"。有人说，茅台文化是茅台人的精神；也有人说，茅台文化主要是指以茅台酒文化为特征的地域文化，源远流长、博大浑厚、风格朴实；还有人说，茅台文化很复杂、很包容，其本身就是地

域文化、历史文化、酿造文化及人文民俗文化等的综合体。

各种各样的答案，代表着各种各样的图像。没有优劣，也不存在对错，每种图像都投射出茅台文化呈现在不同受众心中的面貌。这是站在茅台外部看茅台文化，而站在茅台内部，人们对于茅台文化的认知是什么？

为了找到答案，我们连续两年走进茅台，深入茅台集团调研探索。我们发现，茅台人看茅台文化，同样是"横看成岭侧成峰，远近高低各不同"。不同工龄、经历、阅历的茅台人，都有他们各自对于茅台文化的认识。

在茅台工作了20多年的茅台集团中国酒文化城首批讲解员、制酒十六车间原副主管王诚芳理解的茅台文化包含了茅台的历史，以及约定俗成的共同价值观和共同理念，比如对茅台工艺的坚守、对质量文化的坚持。她或许没有办法用专业的术语去界定茅台文化，但她对其有丰富的感受。她认为，茅台文化是深入人心的，给茅台人以深深的自豪感，同时也给茅台人重大的责任感。茅台是一个优秀的民族品牌，茅台文化影响并要求茅台人必须把它传承好、发扬好。

另一位从一线成长起来的中层骨干蒋德富认为，茅台文化是围绕茅台酒生产而形成的一系列激励制度、行为，以及茅台人为了生产而形成的一些实物物质。

在有10年中国酒文化城解说经验的姚宗艳眼里，茅台文化又有所不同。她认为茅台文化的内涵有四点：质量文化、工匠文化、定力文化和魄力文化。在她看来，茅台文化最重要的是质量文化。茅台人是真正把质量当作生命去守护的，无论何时，都坚持质量第一。茅台的质量由茅台的工匠来坚守和传承，专心致志、精益求精的工匠文化，成就了茅台酒过硬的品质。茅台的定力文化，指茅台不会为外界所惑。茅台只做一件事，就是酿好酒。茅台坚守主业，以不变应万变，所以在危机和挑战来临的时候，能够支撑整个企业的平稳发展。

对于茅台文化，她还有一种特殊的理解，即魄力文化。建厂70余年，茅台从来不是一帆风顺的，茅台在崛起中经历了许多磨难、曲折和辛酸。但她认为，茅台成功的一个原因，就是茅台有敢于自加压力、敢于迎接挑战的韧劲和不服输的劲头。每每遇到行业低谷和寒冬，茅台的魄力都能使其将危机转化为一块块进阶的基石，助力茅台走向更高的巅峰。定力和魄力，对茅台而言，不是一对反义词，而是一组互为表里的近义词。

让从小在茅台厂区长大，后来在茅台集团融媒体中心工作的祁耀回答"茅台文化是什么"，是一个难题。因为茅台文化是让他有千言万语的东西。在他心里，茅台文化是切片式的，同时又是具象的。茅台文化看起来是一段一段的、没有线索，其实自有章法、非常复杂。

而对"茅三代"车间主管李萍而言，不用问她什么是茅台文化，她也能从言语间透露出对茅台文化的个人理解。之于她，茅台文化意味着对传统工艺的坚守和传承，意味着荣耀和

勋章，也意味着一种成就感。

了解到的对茅台文化的不同理解越多，我们就越发现茅台文化就像水一样，没有固定的形状。它是一个很综合的概念，像一颗经过完美切割的钻石，有很多个切面。它又像一串项链，由很多颗珠子串起来。每一颗珠子，都代表着一种对文化的理解。

文化对于茅台和茅台人的重要性不言而喻。从"茅台文化"到"文化茅台"，战略的转变，是文化在茅台的地位之变。透过诸多答案，在观察、体验、总结之后，我们也在心中为茅台文化画出了一幅画像：茅台文化是历史形成的物质、文化、精神、环境与人等综合作用的结果。

茅台文化并不是一个简单的概念，它有着丰富的内涵和外延。通过对文化生发关系的追溯，寻找茅台文化的源头，可以发现茅台文化的原点是工艺文化，并由工艺文化衍生出了茅台文化的另外两大支撑：一是代表人对品质追求的品质文化，二是传递茅台文化核心载体的品牌文化。

茅台文化诞生的前提是一瓶酒的存在，因此，工艺文化、品质文化、品牌文化三种文化在茅台文化的诸多体现中，构成了茅台文化的底层逻辑（见图1-1），三者并非简单的并列关系，而是存在生发与演进的逻辑。因此，在本章中，追根溯源，关于茅台文化的解码，需要从对工艺、品质和品牌三个关键词的解剖开始。

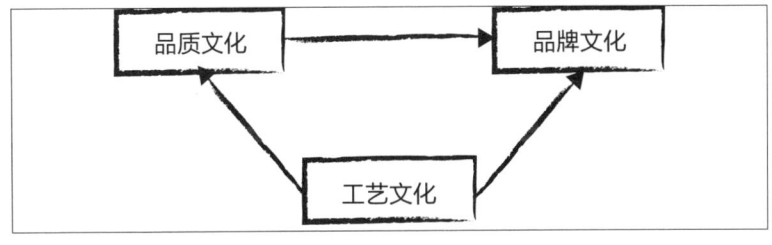

图1-1 茅台文化的底层逻辑

工艺：文化密码原点

工艺文化是茅台文化的原点。茅台酒是茅台文化的物质载体，没有这瓶酒，也就没有酒里所承载的文化。从这个角度来看，茅台文化的源头是朴实的，也是坚实的。

克利福德·格尔茨在《文化的解释》中提到一个词语：基因，借指提供蓝图或模型的信息源。对茅台文化而言，工艺文化可以被称为一种"基因"，是文化生发的起源。

正如生物学细胞分裂中的母细胞一样，工艺文化是茅台文化向外生发的基础。有了工艺文化，才有后面演进而来的品质文化和品牌文化，以及更外围的地域文化、红色文化等文化内涵。

茅台的工艺很独特，是酱香型白酒的代表，也是中国白酒工艺的"活化石"，最接近传统的白酒工艺。

茅台酒基酒的生产历时一年，需经两次投料、九次蒸煮、八次摊晾、七次取酒，然后贮存三年以上，多种酒体勾调后再贮藏一年才会出厂。一瓶成品酒所需的工艺锤炼，至少要跨越

五年时间。

尽管工艺如此繁复，但历代茅台人一直在坚守和传承：30道工序、165个工艺环节，少一道都不行。这就是茅台的"工必到"。

茅台酒工艺文化具有深厚的历史渊源。在西汉司马迁的《史记》中，出现了对"枸酱"的明确史料记载。据贵州史学工作者考证，枸酱应该是用贵州民间俗称拐枣的乔木水果加入粮食，经发酵酿制而成的一种琼浆。

枸酱是赤水河流域美酒的雏形，也是茅台酒的前身。从汉代到唐宋，在历史的长河中，先民们以家庭为单位，用中国传统手工业的传承方式，将祖辈探寻的酿酒技艺世代传承了下来。

元明之际，茅台镇一带开始出现茅台酒的核心酿造工艺——回沙。经过长时间的实践和完善，明末清初，回沙工艺逐渐成形。清代中后期，茅台酒的酿造工艺进一步提升和固化，完成了工艺的升华。到民国时期，茅台镇酒坊之间激烈的商业竞争，推动了酿造工艺的进一步传承和改良。国营酒厂成立后，茅台酒的生产更加规范、标准，并被总结成体系代代传承。直到今天，茅台人都坚守着优良的传统生产工艺。

顺时生产，道法自然，是茅台酒工艺的精妙之道，它代表着农耕文明的酿造记忆。在当今中国多元化的社会里，只有为数不多的企业，能真正做到按照一年的节序、不违农时地生产，茅台就是这难得的少数企业之一。端午踩曲、重阳下沙，茅台酒的酿造严格遵循二十四节气轮转的规律，充分体现了天、地、人的和谐与统一，契合了中国传统思想的哲学美感。

独特的酿造工艺与独特的自然环境密不可分。一方水土养育一方美酒。河谷地形、特殊的气候、神奇的赤水河、少大风天气、紫红色土壤……茅台酒的酿造工艺，是独特自然条件和酿造原理的科学结合。得天独厚、不可复制的生态环境资源，决定了茅台酒工艺形成的科学性、合理性和唯一性。[一]

茅台酒酿造工艺历史悠久，蕴藏无数传统智慧。从建厂以来，历代茅台人都坚持着传统的酿造工艺。但是对传统工艺的坚守，并非意味着不经变通的固守。实际上，茅台工艺文化和中国传统文化一样，都有着极其重要的传承特点：扬弃。在发展过程中，茅台工艺不断地取精华、去糟粕。扬弃的传承之道，使得茅台酒的酿造工艺更加完善和规范。

茅台并没有在发展中丢掉传统，抛弃老的东西；也没有在传统中迷失，隔绝新的可能。坚守工艺是茅台的信仰，却不是禁锢其思想的枷锁。世代的酿造者都坚守着初衷，同时也保持着活力。

回过头看，茅台酒的生产工艺，凝聚着一代又一代酿造者的汗水和心血。在长期的生产实践中，历代酿造者顺应茅台

[一] 罗双全，罗仕湘，郭孝谋.道法自然　天人合———国酒茅台文化理念解析笔记（5）[N].湖南日报，2009-12-07.

镇独特的自然条件和春夏秋冬的自然交替节律，不断归纳、总结、创新和提升，才最终成就了今天的茅台酒。

没有人的坚持和传承，就没有工艺文化的沉淀。人塑造着工艺，工艺也同时反作用于人。

茅台酒五年一出，漫长的生产周期和历久弥香的工艺特点，决定了生产工作越精细、时间存放越久，成品就会越醇香。由于这种工艺特点，酿酒的人也形成了精益求精的精神——越沉淀，越出彩。

工艺文化，决定了整个企业的主体性格和底色。茅台历年来稳健发展的定力，与其工艺特点中所蕴含的沉稳有着深深的渊源。

茅台酒的酿造工艺非常独特，不仅是中国固态酿酒中最为复杂的工艺，放在世界酒业中，也是独树一帜的。茅台酒和白兰地、威士忌并称"世界三大蒸馏名酒"。但白兰地和威士忌的酿造工艺流程，远没有茅台酒复杂。茅台的基酒生产要历时一年，威士忌的基酒生产却不过数月，白兰地的基酒生产甚至不到月余。白兰地和威士忌虽然也由老酒和新酒勾兑碰撞而成，但其基酒的生产工艺的复杂程度远远不及茅台。

作为世界上工艺最复杂、生产周期最长、资金占用成本最高的烈性酒，茅台工艺的高消耗性，不止在于五斤粮食酿一斤酒的原料消耗，也不局限于一瓶酒要投入8000多人力、1825个日夜，还包括潜在的风险成本和市场成本。但为了保持最传统的工艺，茅台将所有风险都一力承担，并在坚守和传承中，把酿造工艺一遍遍地咀嚼和打磨。

从工艺文化出发，可以看到茅台文化不是空穴来风，而是历代茅台人几十年如一日，信念坚定、动作划一，共同形成的认知和观念。㊀工艺文化这一宝贵的基因，决定了茅台文化的独特性。如果没有这种独特的工艺，没有历代茅台人所创造的非物质文化遗产，就没有茅台文化的凝聚和衍生。正因为一代代茅台人对工艺的坚守和信仰，一直坚持酿好酒，茅台文化的内核才得以永存。

品质：文化发展之基

在一代一代的工艺传承中，茅台沉淀出了第二大重要的底层文化：品质文化。

茅台酒独特的工艺文化是品质文化的基础。与茅台共度50余个春秋的季克良先生说："茅台的工艺就是追求高质量，水分低、糖分低、出酒率低，慢慢地熬，都是为了追求高质量。"

茅台酒的工艺集中国传统白酒工艺之大成，代表着酱香酒中最高的酿造水平，耗时、耗力、耗物。这样的工艺技术特征，决定了茅台酒的酿造必须以品质为先。如果一个工艺环节

㊀ 摘自新华网《"文化茅台"推动茅台进入又一个重要发展战略阶段》。

打了折扣，那么在全部165个工艺环节之后，酒将失去其高质量本色。茅台酒之所以能成为茅台酒，品质是最为核心的要素。质量是茅台的生命之魂。

在复杂工艺的历代传承中，遵循天时和坚守传统，已经成为茅台人的印记。

中国人特殊的传承纽带，奠定了生存技能的延续性。渔民会将捕捞经验传授于后人，农人也会把种地的方法传给后代。制曲、酿酒的师傅们则要潜心传承先辈技艺，专心与曲块、酒醅打交道。茅台酒酿造工艺的复杂程度，决定了酿造者必须对每一个环节精益求精。

历代茅台人对于工艺孜孜不倦的追求，成就了茅台酒的上乘品质，而茅台酒的品质又成为支撑茅台文化乃至整个企业发展的基础。

所以，在茅台人眼中，质量比天大，任何时候都不能放松对品质的坚守。任何时候，都不能因为产量忽视质量。茅台的生命力在于茅台酒，而茅台酒的生命力，在于它的品质。

其实对制造业而言，产品的质量波动是很正常的事情，每一条生产线都有次品率。但是对于手中的酒，茅台的酿造者抱着近乎偏执的态度，要把对品质的疏忽降低为零次。

对质量的苛求，烙印在茅台人的骨髓深处，形成了一以贯之的质量理念："崇本守道，坚守工艺，贮足陈酿，不卖新酒。"

"崇本"即崇尚"坚持质量第一"这一根本。"守道"即坚持原则，坚守正确的做事之道。茅台人一直把质量视为生命，坚持质量第一，专心致志地酿好手中的酒，这就是崇质量之本，守天人之道。

"坚守工艺"，即坚守传统工艺。茅台酒的生产工艺是历代酿造者在长期生产实践中，顺应大自然的变化而创造和积累下来的。为保障茅台酒质量稳定，茅台一直坚守着传统，坚守着初心。

"贮足陈酿，不卖新酒"，也就是绝不动用超计划、超比例的老酒，坚守酒不到五年绝不出厂的酿造原则。茅台历来恪守最严格的产品底线，信守最庄严的酿造承诺。茅台如是说，也如是做。言行合一，将品质文化落实到了行动上。

为保障质量第一，茅台在生产过程中，还坚守"三不准、四服从、十二个坚定不移"的行为准则，践行着品质文化。

"三不准"：不合格的原料不准进厂投入使用，上道工序的不合格品不准流入下道工序，不合格产品不准出厂进入市场。

"四服从"：产量、速度、成本、工作量四个方面都要服从于质量。

"十二个坚定不移"："质量是生命之魂"的意识坚定不移、"四个服从"坚定不移，以及对"高温制曲""高温堆积""高温接酒"等十个核心生产工艺的坚定不移。

这些行为准则，是茅台在发展过程中总结出的原则。一旦生产速度、产量、效益各方面和质量发生矛盾的时候，一定要以坚守质量为主。20世纪70年代，国家有关部门对茅台酒厂下达指示，要把年产量提高到1万吨。为此，茅台人艰苦奋斗，从当时酒厂的汇报材料来看，茅台一直坚守着扩产的底线："劳动的问题是，1975年急需进厂350名新工人（上半年一定要进厂），以后根据发展规划，新工人必须提前一至两年进厂参加技术培训，同时提前踩曲。指导思想是，一定要把质量放在第一位，当质量与权益、发展速度、成本发生矛盾时，一定要服从质量。"[1]

把质量放在第一位，并且这种质量观念还会随着代际的纽带不断传承。新人入职培训的第一天，茅台的品质文化就会开始植入他的心底，并在经年累月的劳作中化为根植于身体记忆的一种习惯。

当然，茅台品质文化所重视的，并不局限于制曲和酿酒等核心生产工艺。茅台酒过硬的产品品质，包括产品形象的升级换代，包括原辅料、包装材料的甄选。从源头到出厂的每一个环节，无一不体现出茅台对质量的严格把关。

围绕质量，茅台设置了一系列制度，包括严格的质量考核体系，将质量文化上升到了制度层面。

制酒、制曲、包装，每一个涉及工艺环节的生产车间，都

---

[1] 陈泽明，龚勇. 贵州酒典[M]. 北京：中国商务出版社，2014.

设置了质量检验专员,严格把控和检查每一个生产细节。这一制度不仅存在于茅台酒股份公司,在子公司也大力推行。如此就形成了一个大集团的战略,所有茅台的产品,都必须严格遵循质量第一的准则。追求极致的品质文化,是"茅台之所以成为茅台"的一个原因。

茅台人彼此之间形成了一种合力,都在为这瓶酒的质量服务。以质量为先的追求,成了茅台人行动的根本准则和价值观。匠人们都是把质量捧在了手掌心里,当成自己的生命来保护和坚守的。"质量在我心中,操作在我手中",是茅台人的信念。

每一个与茅台酒生产密切相关的环节,从原料、制曲、制酒、贮藏、勾兑、包装,一直到发货出厂的全过程,都以质量为先,绝无二话。这就是茅台的品质文化,这就是茅台文化最坚实的基础。

品牌:文化核心载体

品牌是茅台和外界连接的文化核心载体。没有品牌,文化就没有向外传递力量的依托。无论茅台的工艺文化,还是品质文化,都通过"茅台"这个品牌的核心载体传递而出。茅台人对于工艺的坚守和品质的追求,塑造着茅台的品牌。反过来,茅台人为了维护茅台这一品牌,也会重视对工艺的传承和品质的坚守。

作为一个从赤水河酿酒文明中生长起来的代表性品牌，茅台影响力和品牌力的塑造，也经历了一个漫长的历史积淀的过程。

从清代开始，茅台的品牌文化开始萌芽。清代中期，茅台镇出现被称为"茅台春""茅台烧"的一类酒。清乾隆十四年（1749年），贵州布政使爱必达在《黔南识略》中写道："茅台村地滨河，善酿酒，土人名其酒为'茅台春'。"这是"茅台春"出现的最早文字记载。虽然"茅台春""茅台烧"并不是专指产品的名称，却叫响了"茅台"这一个名字，这意味着茅台品牌已初现萌芽。

在中国古代，以地名命名产品，是常见情况。因为在农耕社会，一个地域独特的气候和地形资源，决定了它的农作物及特产。出现地域性的手工业集群，也是品牌萌芽早期的表现，比如蜀锦、湖州豪笔、徽州墨、普洱茶等。茅台人善酿，茅台酒也因产地而得名。

清代中后期，茅台酒顺着川盐入黔的赤水河道北上，打开了大门，茅台酒品牌传播更盛。市场需求的扩大，也促进了茅台酿造技艺的不断改良和完善。清代后期，茅台酒生产工艺在传统"茅台春""茅台烧"的基础上实现了质的飞跃，美誉度也大幅提升，并在口口相传中正式获得了"茅台酒"的称呼。据清道光《道义府志》记载："茅台酒，仁怀城西茅台村制酒，黔省称第一。"可见在清代中后期，茅台酒已经声名鹊起，饮誉贵州省内外。

但此时，茅台品牌的文化仍处于原始的萌发阶段。一直到1915年之后，茅台品牌传播才迎来新的转折点，进入商业维护的新阶段。1915年，茅台酒在巴拿马万国博览会荣获金奖，品牌知名度在世界打响，茅台从一个地域性的品牌，逐渐成为全国性的甚至是世界性的品牌。

当时选送茅台酒参加博览会评奖的烧房有两家：成义烧房、荣和烧房。但金牌只有一块，到底该颁给哪家？为此，成义、荣和两家烧房展开了激烈的金奖之争，甚至打起了官司，官司直从仁怀县城打到了贵州省公署。1918年6月，经时任贵州省省长刘显世裁定，两家烧房共享荣誉，这一场长达三年的金奖纷争才落下帷幕。在中国的商业史中，这并不只是两家烧房打官司的简单事件，而是中国酒业乃至中国商业界的一个大事件，因为它标志着民族品牌对品牌认知度的觉醒。

1929年，茅台镇恒兴烧房创立，茅台酒的酿造出现成义、荣和、恒兴三足鼎立的局面，茅台品牌传播范围进一步扩大。茅台酒销售畅旺，但是仿造茅台酒的不良商贩也有不少，严重影响了茅台酒的声誉。为杜绝假冒产品，恒兴烧房的经营者赖永初将产品改名为"赖茅"，并注册"大鹏展翅"的图案和中英文"赖茅"商标（见图1-2）。这一举措，可以说是茅台酒采用现代意义的商标之始。

"赖茅"商标问世之后，成义、荣和两家烧房也将其产品改名为"华茅"和"王茅"。由此，三家烧房产出的茅台酒各有其名，相互竞争。

国营茅台酒厂建厂之后,茅台"五星"商标诞生,茅台也从原来一般意义上的生产和经营,变成一个和国家命运、民族命运相关联的品牌。1958年,茅台从敦煌壁画中汲取灵感,设计了"飞天"商标专用于外销,其广告见图1-3。"飞天"商标助推茅台酒走出了国门,其贡献不可磨灭;同时,也为茅台酒向海外传播茅台文化乃至中国文化起到了桥梁作用。

图1-2 赖茅商标

图1-3 20世纪50年代的"飞天"牌贵州茅台酒广告

20世纪80年代以后,在品牌连接外界的过程中,茅台深入挖掘品牌背后的历史底蕴,增强了品牌的文化说服力。到今天,外界一提起茅台,就能想到它所承载的厚重的历史文化底蕴。这也就是茅台品牌所蕴藏的巨大文化能量。

21世纪以来，茅台迎来真正的品牌成长期，逐渐成为具有全球影响力的超级品牌。这种超级品牌对文化的载体作用，不仅在于能向外辐射什么，更在于能向内吸纳什么。因为当品牌成长到足够宽广时，文化就已经不是传输，而是容纳的概念了。这就像是中国传统文化超强的包容力，经历上下五千年，历久弥新。

今天的茅台品牌，已经家喻户晓、深入人心。茅台能成为中国酒文化的"面子"和"里子"，与其背后的深厚底蕴密不可分。

从清代的"茅台烧""茅台春"开始，茅台品牌一路走到今天，经历了几个梯次的变化。就像河流流过不同的阶梯地势时，会积蓄巨大的水能，茅台品牌之河也在几个梯次变化中，积累了巨大的文化能量和超级品牌价值。受众对于茅台品牌的认同度、接受度、欢迎度、喜爱度，都是品牌价值的重要支撑。这些支撑产生的前提，还是茅台酒过硬的品质。而品质的诞生，源于茅台人对工艺的坚守和传承。

所以，工艺、品质和品牌三者并非简单的线性逻辑，它们已经在生发演进中融为一体。一方面，茅台工艺文化生发出品质文化，两者合力造就的品牌，成为文化传递的载体；另一方面，茅台人对于品质的追求又可以作为工艺延续和品牌彰显的一种手段。

工艺、品质、品牌三者环环相扣，构成茅台文化的核心和

茅台文化力

底层逻辑。围绕文化核心，茅台文化衍生出了红色文化、健康文化等诸多的文化体现，构建了庞大的文化矩阵。文化矩阵释放着茅台独特的文化能量，在时间旅程中，支撑着茅台不断向世界一流企业迈进。

从茅台文化到茅台文化力

文化内涵的张力

茅台文化博大精深,丰富多元。基于茅台文化的内涵,产生了茅台文化力。正如茅台文化的底层文化——工艺、品质和品牌,三者之间存在生发和演进的逻辑一样,茅台文化力的形成也是一种水到渠成的延伸。

有茅台文化,才有茅台文化力。从因果关系上看,文化力是文化的外化作用力。从茅台文化到茅台文化力,后者是前者自然产生的结果。基于茅台文化丰富的内涵,茅台文化延伸出了一种强大的效能,影响了茅台和整个行业。

从定义上看,茅台文化力是基于茅台文化内涵的张力,对内表现为一种凝聚力和企业发展的软实力,对外则是一种价值观和秩序的重建。

对内,茅台文化力构建了企业的凝聚力和发展力,为企

业赋能。对外，茅台文化面向更广泛的受众，重建了一瓶酒的价值观和行业秩序。价值观重建，指茅台文化重新定义了一瓶好酒，建立了好酒的话语体系，并为酒赋予了全新的传统文化意义。秩序重建，即茅台文化为白酒价值回归贡献了力量，在行业中为酱酒开辟了一片新天地，促进了行业健康发展。

价值一词最早来自拉丁词语 valere，意为值得的、有力量的，原始意义是一件事物的价值，主要指经济上的交换价值。18世纪，英国政治经济学家亚当·斯密在《国富论》中即有"商品的相对价值和交换价值"的提法。

近代以来，经过被康德等许多德国哲学家的扩展性赋义和使用，价值成为表征和解释人自身及其生活的性质与重要性的概念，超越了经济学领域而指向人类全部活动。[一]时至今日，价值和价值观已成为无数团体和个体表达其愿望、兴趣、理想和行为取向的概念。

秩序则表示正常的运转或良好的外观状态。根据《辞海》的解释，"秩，常也；秩序，常度也，指人或事物所在的位置，含有整齐守规则之意"。从法理学角度来看，美国法理学家博登海默认为，秩序意指在自然进程和社会进程中都存在着某种程序的一致性、连续性和确定性。

[一] 张曙光.论价值与价值观——关于当前中国文明与秩序重建的思考[J].人民论坛·学术前沿，2014，23.

自然界有自然界的秩序，比如四时轮转、月满月亏。人类在长期的实践中，也形成了由社会规则构建和维系的社会秩序。

那么为什么说是茅台重建了价值观和秩序？跳出学理性来说，价值观判断什么是"善"的、"好"的，秩序则是一种运行的规律。茅台文化力所重建的价值观和秩序，也就是用文化的力量，重塑了一种"好"的判断标准，为行业带来了正向的引领。

对企业内部而言，茅台文化力确立了符合企业发展方向的价值观，明确了企业发展的使命、愿景等理性认知，将四万多人的力量凝聚在了一起，形成蔚为壮观的发展动力。这使得茅台文化表现出一种特有的企业气质和人格。

文化力即人心力。人是茅台文化的创造者和传承者，在文化传递中也是不可替代的核心。茅台独特的地缘文化、乡情文化，使茅台人之间形成了一种看不见、摸不着却紧密联系的磁场。这种长久以来凝聚而成的向心力，有着强劲的导向、激励和辐射效用，推动了茅台的永续发展。

对外部的行业和受众而言，茅台文化力在红海市场文化表征中找到了创新的语系，对行业和受众产生了一种烙印能量。特别是在判断一瓶好酒的价值观层面，茅台文化力确定了全新的话语体系，使得茅台品牌在白酒行业的周期轮转中脱颖而出。在茅台的带领下，行业都开始跟随茅台所建立的好酒价值观，为酒赋予全新的文化意义。

茅台文化力是茅台成功的原动力，没有茅台文化的赋能，没有从卖酒到卖文化的转变，也就没有茅台文化这么强劲的引领力和感染力。

凝聚力：向心之力

茅台文化力对内和对外有着不同的效能和表现。对内而言，茅台文化力首先表现为茅台人长久以来凝聚的向心力。这种向心力看似无形，却有四两拨千斤的力道，将四万多茅台人的光荣与梦想紧紧捆绑在一起。

茅台文化的凝聚力从茅台人中来，到茅台人中去。茅台人对于工艺、品质、品牌的认可，凝聚成文化的共识，并在文化传承中不断反作用于茅台人，吸引他们拧成一股绳。

茅台文化凝聚力的根源之一，在于地缘文化的聚合作用。茅台集团地处群山之间，陆路交通不发达时，出入都很困难。山坳里又热又苦，条件和平原地区的企业不能相提并论，很难吸引外地人，所以早些年到茅台酒厂工作的，90%以上都是仁怀周边的本地人。

历史及客观原因，沉淀出茅台特殊的地缘文化和乡情文化，为茅台文化的凝聚效应提供了土壤。茅台人是企业发展的核心，将人的力量凝聚起来，茅台文化也有了发力的根本。

时至今日，即使茅台集团周边的交通通达性已显著提高，许多外来人才愿意扎根茅台，但茅台集团的本地人比例仍达70%之多。这形成了茅台特殊的企业气质。

在中国传统文化中，地缘和乡情是最重要的情感纽带之一。所以有古话说："亲不亲，家乡人。美不美，家乡水。"地缘和乡情对中国人有着天然的吸引力，很容易让人产生归属感。在归属感的基础上，茅台人以厂为家的凝聚力特别强。

二十世纪七八十年代以前，茅台酒厂的家属区和厂区是连在一起的。从家里出发，走几步路就到了工作的地方，晚上睡觉也能闻着酒香。对当时的茅台人而言，上班和生活都在同一个地方。一家人都在茅台工作、生活，茅台好，则自己好，家庭好，甚至家庭背后的大家族都好。茅台将企业归属感和家的归属感融为一体，因此茅台人会与茅台同呼吸、共命运，把茅台的事情当作自己家的事情。

这种对企业深入血液的感情，在言传身教中，一代一代地传承。有很多茅台人，祖祖辈辈都在茅台工作，对企业有极高的忠诚度。在茅台人心中，茅台酒是一种生计，和一家人的性命连在一起。这种从骨子里透出的凝聚力，强大且持久。

茅台能够从一个偏远河谷中走出，摆脱小农意识的局限，成长为白酒行业的头部企业，和一群人遵循祖祖辈辈的教诲、奉献青春、心无旁骛地做好一瓶酒，有着密不可分的联系。

世世代代的茅台人生于斯、长于斯，形成了对现代企业而言堪称罕见的忠诚度。茅台人对企业的忠诚，不是像西方企业

那样靠严密的制度约束出来的，只是靠合约维系。茅台人的忠诚来自骨血，来自内心。两者有着本质的区别：前者可能只能得到员工的"人"，而后者却能得到员工的"心"。

一方面，茅台绝大部分员工是本地人，有着极强的凝聚效应。另一方面，茅台也从不排斥外地人。茅台文化具有极强的包容性，当新鲜血液融入茅台的大集体时，并没有壁垒和隔阂。只要是茅台的一份子，每个人的发展机会都是均等的。包容的文化氛围，更能凝聚各方的力量。

茅台文化凝聚力的另一大来源是茅台人独特的家国情怀。这个家并不局限于小家的概念，还在于师徒间缔结的近似亲情的关系，以及整个茅台大家庭互相关爱的温暖氛围。

师带徒是茅台工艺传承的重要方式。茅台师徒缔结的传承关系，并不只是手艺的交付，更在于情感的连接。师徒间近似亲情的关系，经过了岁月的柔化，沉淀下来的更多是温情。

茅台是一个很有温度的企业，茅台人也是出了名的重情重义。在茅台的文化中，难能可贵地体现了中国传统人际关系的温暖、质朴和紧密，而非工业时代人与人的陌生和疏离。这种温暖的人际关系凝聚着人情味，成为整个企业独特的文化能量。

茅台文化的凝聚力是自上而下的。作为茅台酒的基本生产单位，各班组的凝聚力非常强。班组定期的聚会和活动，会增进团队之间的感情，凝聚团队的集体精神。这种精神层层传递，通过车间、生产部门传导到整个集团，形成了一种"家文化"的氛围。

茅台的家国情怀，还体现在茅台的定位、格局和视野上。茅台酒是历史上许多重大事件的见证者，酿酒的茅台人，也有着高度的荣誉感和使命意识。他们从来没有把自己做的事当成一个山坳小企业的事，而是国家的大事。

"爱我茅台，为国争光"，茅台的家国情怀，在企业精神中体现得淋漓尽致。简单八个字，概括了所有。"爱我茅台"，指员工以企业为家，以企业为荣。"为国争光"，则把对企业的爱上升到了国家的层面，站在民族的角度做企业和品牌，体现出茅台人强烈的国家与民族自信心。

茅台酒是代表国家光荣的产品。茅台的独特价值在茅台人中代代相传。20世纪50年代末，在国家物资极度匮乏时，出口1吨茅台酒，能换回700辆自行车、32吨汽油、40吨钢材（见图1-4），这些助力了国家的建设发展。㊀茅台酒的特殊地位，使得每一个茅台人都为茅台酒感到骄傲。这种荣誉感也会反馈到茅台人的个人形象塑造中。每当茅台人走出去，都会受到比别人多一分的敬重，以企业为荣的自豪感亦会油然而生。

㊀ 张小军，马玥，熊玥伽. 这就是茅台 [M]. 北京：机械工业出版社，2021.

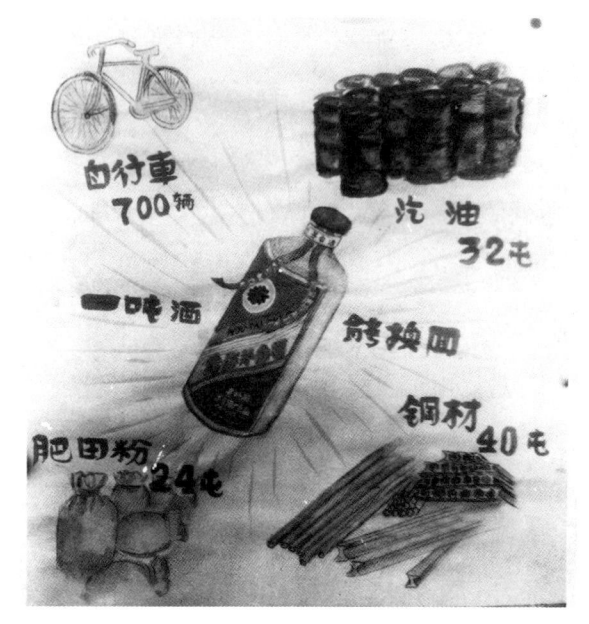

图1-4　20世纪50年代末茅台酒厂的宣传画

这种荣誉感所凝聚的茅台力量，不止作用于茅台的内部生产体系，上游供应商和下游经销商都会被这种力量所吸引。全国所有的品牌厂家中，茅台经销商的凝聚力最强。很少有品牌的经销商能像茅台经销商一样，自发行动，参与茅台的品牌建设。经销商对茅台文化的高度认同感，促使着它们向茅台靠近。

总而言之，茅台文化力面向内部所构建的凝聚力，使茅台的整个生态都心往一处想、劲往一处使，同心、同行、同向，从而为茅台的发展积蓄了持续的力量，稳定了大后方。

企业发展的软实力

茅台文化力,聚合着一群人一起干一件事——酿好一瓶酒。这一瓶酒中所释放的能量,推动着品牌成长和企业发展。没有文化力的凝聚和赋能,茅台不可能拥有这么强的创造力和发展力。

所以茅台文化力对企业自身而言,不仅构建了凝聚力,在茅台内部建立起高度的认同感,还构建了企业发展的一种软实力,成为茅台独特的竞争优势。

文化力作为核心竞争力的重要组成部分,对于企业强大的赋能力量毋庸置疑。西方人类学家玛格丽特·米德在阐述精神力量对于推动经济社会发展必然产生重大作用的论断时说:"一小群有思想并且有着献身精神的公民可以改变世界。不要怀疑这种说法,事实上,世界正是这样被改变的。"文化在茅台崛起过程中所扮演的角色,改变着企业及行业发展的格局。

对茅台而言,文化的角色不是服务,而是在前起到引领作用,牵引着茅台发展。与此同时,文化也向后起到推动作用,促使着茅台各方面的力量聚合在一起。简言之,文化在前,也在后。

"前"和"后"并不互相矛盾,而是互为支撑。茅台文化在前,是因为对茅台而言,最重要的是酿造一瓶酒,而一瓶茅台酒的生产,最重要的又是文化和理念先行。茅台工艺、品质、品牌的理念能够世代传承,都要靠文化的软性连接和赋能。

有文化为工艺、品质护航，才有茅台酒酿造工艺的扬弃。此外，文化最重要的作用是赋能茅台品牌。

在茅台超高的品牌影响力背后做支撑的，是深厚的文化底蕴。文化是品牌的核心价值所在。没有《史记》中记载的枸酱，没有川盐入黔的历史故事，没有重大外交场合的大放异彩，茅台的品牌影响力不会达到今天的高度。历史底蕴决定品牌的先天出身，因为茅台有丰富的历史底蕴，所以品牌才有鲜明的辨识度和占领用户心智的能量。

茅台文化一方面为品牌背书，另一方面也能为品牌带来警醒。在中国文化的语境里，酒虽是承载着岁月的传统饮品，但也带来了惰性和负面信息。酒虽有"天之美禄""天乳"等美名，但也有"腐肠贼""伐性刀"的恶称。文化只有在酒业发展中带入更理性的思考，形成一种新的酒文化模式，才能让酒企的品牌更有张力、更具魅力。

这揭示了文化为企业赋能的另一个作用：让人警惕危机，提升认知水平。越是有深度积累文化的企业，越能找到危机的来源。企业发展有周期、有起伏，文化带来的危机意识，让茅台成为一个高度警觉的企业。什么能颠覆茅台？茅台时刻自问，时刻保持清醒。文化的赋能从侧面巩固了茅台的基业长青，行稳致远。

文化对于企业的引领作用，不仅是理念的赋能，也不局限于对危机意识的警醒，更在于文化能上升到战略的高度，指引企业发展的方向。茅台从"茅台文化"到"文化茅台"的战略转型，就是把文化变为主战场，为企业发展增添了新动力。

一方面，茅台文化为企业发展增添新动力；另一方面，茅台文化也能构建人文企业的管理方式和秩序。和一些追求效率的企业不同，以人为本是茅台的管理核心。茅台的管理，仍处于现代和传统的交汇之中，这也是茅台人文管理的特色。对于茅台人认同的传统管理手段，茅台依然在坚持。而顶级的现代化管理手段，茅台也在引进。传统和现代在茅台身上充分磨合，没有为了求快求新而采取一刀切的方式。

茅台没有军事化的管理方式，更多的是情感的交流。这种以人为本的管理方式，能给予员工更多的人文关怀，让员工感受到企业的温暖。比如茅台一直坚持从小事关心员工的工作状态，管理细节会深入家庭琐事，确保员工无负担上岗，专注酿好手中的酒。

茅台文化力对于企业发展更为重要的赋能，还体现在茅台将软实力和硬产品结合到了一起。从20世纪90年代开始，茅台的领导班子就以超前的战略眼光，探索文化和产品相结合的道路。在计划经济向市场经济转型的道路上，茅台人高瞻远瞩，决定用文化的软性感染力打开市场封冻的航道，而不是靠拳头产品去硬碰硬。这是茅台发展史上一个重要的转折点，也是文化真正提升为企业动力的开端。比如茅台通过持续深挖文化资源，修建中国酒文化城，推出茅台文化系列文章和书籍等成功尝试，打造了许多超前的文化工程，将酒与文化结合了起来，

大大拓展了品牌的外延和内涵，逐渐开始了从传播酒到传播文化的转变。

进入21世纪，茅台酒酿造原料搭载神舟五号飞船登月等重大文化事件的运作，又让茅台掀起了文化的风暴。一系列成功的"文化牌"，让当时话语权并不突出的茅台，迅速在行业中闯出一片新的天地。

随着软实力和硬产品的深度探索，茅台还充分发挥中华文化的延展性，推出了生肖酒、陈年酒、定制酒等新产品，提高了产品的文化附加值。生肖酒等新产品的开发，是茅台将软实力与硬产品结合的典范。而文化的成功嫁接，不仅拓宽了茅台的市场渠道，还打破了53度飞天茅台酒单一的矩阵，巩固了茅台高端酒的定位。

文化赋能是茅台向高品质方向发展的一大重要支撑。因为茅台酒的产能和产量是有限的，但文化的空间却没有边界。对文化的挖掘和延展，能够拓宽茅台品牌的护城河，从而让品牌做大、做强、做优、做久。和一般的周期性产品不同，茅台不是通过不断扩产、建分厂发展的，而是借文化的强有力赋能，提升茅台酒的文化属性和精神价值，让茅台在产能有限、产区受限的情况下，挖深茅台品牌的护城河，释放茅台品牌的影响力的。

茅台对于文化的深度挖掘和使用，已经让茅台走在了行业前列。但是在新的时期，如何讲好茅台故事，传递茅台精神，使茅台品牌如春水般抵达更多人的心底，而不仅仅只是给目标用户留下强印象，是茅台人必须深入思考的问题。借春风而上，直下山河，文化带来的增长空间无限大，永远还有下一个台阶和辉煌。

价值观重建

突破红海市场的文化表征

文化看起来很玄很虚,但对企业发展而言,却是不可缺少的软实力支撑。茅台借助文化的密钥,为酱香酒开辟了一片新的天地,进行了一种价值观和秩序的重建。

茅台文化为什么能够在已经很成熟的白酒市场中构建自己的话语体系?秘诀在于茅台找到了文化的创新点,突破了红海市场的文化表征。

"表征"一词从学理上追溯,最早出现在14世纪的英文中,其所涉及的内容主要涵盖政治、文学与艺术等方面,研究学者认为表征最重要的文化内涵被阐释为"一个符号、象征,或者一个意象、图像,或是呈现在眼前或者心上的一个过程"。就其内涵而言,"表征不是单纯地反映现实世界,而是一种文化构建"。[一]所以文化表征可以理解为一种文化语境的构建。

成熟市场的品牌营销往往会陷入一种"正统文化"的文化模仿形式中。企业所处的市场越成熟，越能体现出文化语境构建的重要性。世界上很多知名企业，都是因为成功地构建了文化语境，才巩固了在行业中的塔尖地位，比如万宝路和星巴克。在《文化战略》一书中，道格拉斯·霍尔特和道格拉斯·卡梅隆将这种构建文化语境的方式称为"文化策略"的商业模式。

"文化策略"的商业模式可以拆解为六个步骤：明确常规，寻找突破点，确立理念，获取所需资源，选择一种文化策略，制定自己的策略。

茅台之所以能够对受众进行白酒选择层面价值观的重建，主要是因为茅台掌握了成功的文化策略，突破了行业一般的"正统文化"，创造性地构建了自己的话语体系。

比如，茅台不只是通过讲述河流或泉水的故事去佐证"水为酒之血"，更创造性地提出了"离开茅台镇就酿不出茅台酒"的观点，证明了产品的稀缺性和不可复制性；茅台没有把文化的本质理解得过于传统，专注讲述"古窖古董加古人"，而是找到了和产品关联的红色基因和外交文化的民族荣光，确定了茅台酒的高端定位。当一些白酒企业利用低价低质产品冲击市场

[一] 邹威华，伏珊. 斯图亚特·霍尔与"文化表征"理论 [J]. 当代文坛，2013（4）：42-45.

时，茅台已经打起了文化牌，扮演起了白酒行业重要的文化角色；当一些白酒企业沉浸于自己的酿造历史时，茅台已经率先将产品和传统酒文化结合起来，站在白酒文化传承者的角度去讲述行业故事了。在茅台所创造的诸多文化奇迹的现象之下，存在着一个茅台成功的底层逻辑——正确的文化策略。

茅台文化策略成功的初因，在于正确分析了"掌握行业的正统文化"。二十世纪八九十年代，中国正处于从计划经济向市场经济转轨的关键阶段，经济空前活跃，价值观和思想呈现多元化。伴随着经济复苏，国民消费开始升级，但当时消费者对于产品的需求还停留在无差别的物质阶段。茅台准确地把握了以物质需求为先的"正统文化"，并从时代脉搏中看到了消费需求差异化时代的来临。

这是茅台文化策略成功的关键一步：正确分辨了能改变"正统文化"的社会趋势，找到了突破点。进入21世纪，一小部分消费者对酒的价值需求已经超过了饮用需求，酒类消费出现了爆发性的文化需求。茅台抓住并充分利用了这次思想体系变化的机会，此乃文化策略的第二步。

社会思想体系的变动产生了新的观念。对白酒行业而言，新观念是：消费行为不只是物质的简单需求，在一定程度上还能反映个人的品位。选择什么样的消费产品，往往会代表什么样的人格和精神高度，酒品一般会成为生活享受和身份地位的象征。茅台利用这种新消费观念的崛起，接触到更多对现有消费观念不满的消费者，完成了文化策略的第三步：确立理念。

在理念确立之后，茅台还在不断变化的社会中找到了最能代表茅台理念的文化表征，即原产地域保护区、民族荣光、国家记忆等故事符号。

依托于丰富的文化资源，茅台顺势打造了最适合自己的文化策略："讲企业神话"。

"讲企业神话"并非讲述企业的神话故事，而是传递企业独特、传统的精神理念，使产品和品牌与现代生活保持一定距离。茅台通过讲述离开茅台镇就酿不出茅台酒、工匠精神及茅台独特的工艺流程，为茅台树立了高可信度的"神话"形象。

在合适的文化策略基础上，茅台制定了详细的文化策略，通过文化营销等一系列创新的文化举措，在白酒行业开辟了一片新天地。茅台的胜利一定程度上可以说是文化的胜利。茅台是文化力打造的先行者，其文化策略的成功应用将其塑造为文化突围的典范，在白酒行业掀起了一场"新文化运动"。

白酒皆文化。白酒行业的营销从来不乏"文化牌"，只是大多数酒企都只是固守历史名酒的牌楼，选用诸如非藏既尊、典雅醇香等白酒通用词语，不具有文化辨识度。茅台则通过文化的创新打法，突破沉闷的宣传方式，与时俱进地让具有历史文化品相的茅台酒找到了与当代文化表达对接的方法，既保持历史悠久的图腾感，又能从历史走向现代。

20世纪90年代，茅台邀请了一批作家、诗人，以挖掘梳理茅台的历史传说、解读茅台的形象、分享与茅台的故事等形式

创作了一批文学作品。这一文化工程打开了茅台向外传播的大门，让大家又重新了解了茅台，加深了对茅台的新印象。

这种在行业中率先垂范的创新打法，伴随着持续不断的消费者培育，能将茅台的文化理念植入消费者脑海中。一旦消费者接受茅台的文化理念，茅台文化所产生的能量就能被释放，让消费者判断一瓶酒的标准向茅台酒靠拢，甚至以茅台酒为标准。这样一个占领消费者心智的结果，也就是价值观重建的起点。

建立好酒的话语体系

茅台文化力最重要的能量之一，是价值观的重建。文化本身就是一种价值观和习俗。对消费者而言，茅台文化在他们关于白酒选择的价值观层面建立了一种判断的标准，并构建了自己的好酒话语体系，助推茅台迅速地成长。

什么是一瓶好酒？酒是一个嗜好品，不同的人对于好酒有不同的标准，判断一瓶酒也有不同的价值体系。中华人民共和国成立以来，人们对于食品价值的认定，经历了多个阶段，从最初的"饱"，进化到"好"，再进化到"香"，对酒亦是如此。人们判断好酒的标准不断提升，从短期来看，和中国的经济发展有关，和人的需求提升有关；但是从长远上看，人们对于好酒的价值观认定和整个民族性息息相关。茅台就是抓住了"酒是民族性产品"这一主旨句，从中国人喜好的东西入手，构建了自己强大的好酒话语体系。

从茅台文化所构建的好酒话语体系来看,首先,好酒对消费者而言是安全的、放心的。其次,一瓶口味纯正的好酒,背后一定有着故事和岁月的积累,凝聚了工匠的心血和汗水。茅台酒的工艺特征及茅台人的精神追求,通过其独有的原料、时间周期、酿造法则等,让消费者相信,让世界相信,可以放心地品尝茅台酒。这是茅台文化所建立的好酒话语体系。

茅台人对于茅台酒非常自信,因为他们知道自己所酿造的是良心酒。茅台对于好酒话语体系的构建,从原料开始。茅台酒的主要原料有三种:水、小麦和高粱。这三种原料看似简单却暗藏玄机,每一种原料都塑造着茅台酒的独特性。

"水为酒之血",水奠定了酒体的基本底色。酿造茅台酒所用的水,都来自赤水河。赤水河是中国版图中最"醇香"的一条河流,集灵泉秀水于一身。经过两岸红壤土层的层层渗透,赤水河水质清澈,无色透明,无异味,有活力,也有天然水体的钢骨。赤水河水酸碱度适中,pH值在7.2~7.8之间[一],微甜爽口,并且含有多种对人体健康有益的矿物质和微量元素,是酿酒界公认的上品酿酒水源。

对于第二大原料小麦的遴选,茅台极其严格。生产茅台酒所用的小麦,均为优质冬小麦,需要颗粒饱满均匀、腹沟深而多粉。只有用这种小麦制成用于发酵的酒曲,才能够保证茅台

[一] 摘自酣客公社《每一滴水都值得珍惜,每一滴赤水都不可辜负》。

酒的产量、质量。

高粱是生产茅台酒所需的主要原料。茅台酒生产所用高粱，都是茅台河谷本地所产的红缨子糯高粱。和外地高粱相比，土著高粱颗粒小、皮厚、扁圆结实，且耐煮、耐蒸、耐翻造，其淀粉、单宁含量高。尤其是对酿酒有利的支链淀粉含量，在土著高粱中占总淀粉含量的99%，比外地高粱大约高出1/3。高支链淀粉含量，正好与茅台酒高温堆积发酵、八次摊晾翻造、九次蒸煮的酿酒工艺相吻合，也是茅台基酒香味产生的一大基础。由于茅台酒的独特生产工艺，五斤粮食才能产一斤酒，与浓香型白酒相比，原料的消耗程度极高。

优质原料是一瓶好酒诞生的基础。茅台文化对于三种原料的宣传和打磨不遗余力，并不断给受众传递一个观念：好酒要用好料造。而茅台酒从原料开始，就进入了好酒的第一梯队。

茅台在时间层面，也在构建好酒的话语体系。茅台酒的生产严格遵守传统工艺，纯粮生产，天然酿造，不会添加任何外来物质，只在时间中等待硕果。一瓶茅台酒从原料到出厂至少要经过五年时间，经过时间的打磨，酒体变得丰满、幽雅、醇厚，带来了广阔的品味空间。

相比其他香型白酒的工艺，茅台酒的出厂时间成本要高得多。以茅台为代表的酱香型白酒仅从原料到基酒就需要1年时间，还要让基酒自然老化3年，勾调后再储存1年才会包装出厂，酒龄一共是5年。就时间赋予的魅力来说，茅台酒是当之无愧的"时间陈酿"。

在"时间陈酿"的基础上,茅台通过对时间文化的深度挖掘,构建了老酒就是好酒的价值主张。这一价值主张,不仅与茅台五年出酒的生产周期遥相呼应,还让消费者在年份和好酒之间画上了等号,产生了巨大的市场教育意义。

消费者都觉得"老的酒才是好的酒",所以引领了一波囤老酒热潮。消费者的喜好转变了,白酒行业也纷纷加码做老酒,宣传老酒。一时之间,整个行业都出现了卖老酒的经营转向。五粮液、泸州老窖都开始打老酒牌,四川的沱牌舍得甚至直接将企业发展的重心转到了老酒的销售上。

消费者之所以会接受茅台关于老酒是好酒的判断标准,是因为老酒这一概念契合了中国人的审美。中国的文明渊源有五千年之久,源远流长的历史文化,让中国人习惯回望。从古至今,中国的民族性就是喜欢古老、蕴藏着深厚底蕴的东西,所以中国人崇拜先贤,传承古老的文化,崇尚百年世家。中国古话说:姜是老的辣,酒是陈的香。茅台关于老酒的概念,唤醒了中国人的民族精神,所以能为消费者构建老酒是好酒的价值观。

茅台酒的老酒气质,并非刻意为之,而是基于酱香酒生产的严谨工艺体系。因为工艺体系,茅台酒只能在时间中等待色、香、味的丰满及调和,而不能采取其他手段增加香气成分或提高产量。

茅台酒是自然的馈赠，经过工艺的淘洗和岁月的沉淀以后，茅台酒喝完不上头、不口渴。

少喝酒，喝好酒，是茅台文化一直传递的理念。茅台通过原料、工艺和时间，不断强化"茅台酒是好酒"这一概念。在工艺和时间维度的话语体系之外，茅台也构建了另一个维度的标准：好酒的背后是有故事和温度的。

茅台酒采用纯手工酿造，自然固态发酵，"参与"酿酒的微生物群极其复杂。要驾驭这样的多菌种固态手工操作殊为不易，不左即右，容易走极端。为防止剑走偏锋，掌握恰当火候，需要随时观察，随时调整，其中所耗费的人力与心血可谓众多。

茅台酒是凝结着汗水的。茅台酿造者通过传统朴实的工艺，给世界奉献了好酒。茅台酒不是随随便便、马马虎虎就能酿出来的，每一滴酒背后都有无数故事和汗水。夏炎冬冷，茅台人用辛勤的汗水来酿造美酒。酿酒就像种庄稼一样，一分耕耘，一分收获。都说"一斤酒，六斤汗"，正是茅台人的勤劳、专注、负责才造就了每一滴茅台酒的温度和品质。

好人酿好酒。茅台文化通过工匠精神的传递，提升了一瓶好酒中工匠的价值。人的温度、手的技艺、心的诚意，好酒就应该是"用功不计繁复，用时不计效益，用诚不计心血"，而不是粗制滥造。茅台对于工匠价值的传递，重塑了一瓶好酒的判断标准。

原料、工艺、时间、温度，茅台所构建的话语体系，从多个维度为消费者提供了判断一瓶好酒的标准。对消费者而言，茅台不仅仅是一瓶酒，更是一把可以对照的标尺。在这把标尺之下，茅台无酒能敌。这也就是文化力重塑价值观的强大力量。

为酒赋予全新文化意义

1993年年初，时任茅台酒厂党委书记、厂长的邹开良从贵阳赶回茅台，为厂领导班子带来一个好消息：省政府同意了他们建"酒文化街"的构想。这一成果来之不易，邹开良在多次申报以后，才得到了省政府的首肯。

几个月以后，邹开良提交了"酒文化街"的修建方案，收到省政府领导的批示："这么大的规模不是'街'，而是'城'了。"于是，茅台将修建的酒文化博物馆命名为"中国酒文化城"。这一名字的确定，明确了中国酒文化城的定位——中国酒文化的传承者、保护者。

中国酒文化城于1993年7月破土动工，其实它并不是国内修建最早的酒文化博物馆，却是最早讲述中国酒文化的展馆。中国酒文化城的修建，是茅台文化的一大节点事件。它是茅台酒连接传统文化的典范，也为茅台酒赋予了更多传统文化的意义。在行业当中，这一举措率先引领了从销售产品到传承文化、从重功能到功能和体验并重的转变。

中国酒文化城在1998年4月正式对外开放，设有汉、唐、宋、元、明、清、现代等7个展馆和文化街辅助建筑。在展览中以大量雕塑、匾、屏、书画、图片、实物及文字，绘制出了一幅大气磅礴的中国酒文化历史长卷。

酒作为滋养了中华民族几千年的饮品，从问世那天起，就逐步摆脱了纯粹的具象"物"的状态，而升华为了一种精神范畴的"文化"。酒文化，也在历史演进中成为中华民族传统文化中重要的组成部分。

茅台中国酒文化城立意深远，全方位地反映了酒与政治、经济、军事、艺术及科技等各个社会领域的密切关系，展示出酒文化巨大的政治、社会文化功能。并且在展示中国酒类生产的发展沿革、工艺演进的过程中，使人感受到酒法酒规的严肃、技术指标的严谨等多姿多彩的酒文化。最终，让参观者体会中国人在造酒、用酒、饮酒过程中表现的思维方式、民族性格、伦理道德、审美情操等酒文化的核心内涵，使之领悟中国酒文化的博大精深。

中国酒文化城早期按朝代来划分展馆，2013年，中国酒文化城进行升级改造，变为专题馆的展陈方式。改造以后，一共分为酒源馆、酒技馆、酒韵馆、酒俗馆、酒器馆、茅台馆、名酒世界馆、规划展示馆共八个主要展馆。按专题介绍中国酒文化和茅台酒文化，清晰明了，也进一步巩固了茅台文化与传统文化的联结。

茅台酒与传统文化，乃至与世界文化的深度融合，拓宽了茅台文化的感染范围。茅台酒已不是一般的工业产品，它蕴含着历史，蕴藏着中国人的智慧。所以消费者在喝酒时，也是在品味文化。酒的文化价值，因此得到了大大的提升。茅台从传统文化中汲取营养，除了中国酒文化城，还有一些例子，其中最经典的当属"飞天"商标。"飞天"是敦煌壁画中一个核心的文化符号，是中国乃至世界的文化瑰宝。敦煌文化是特殊的历史见证，更是丝绸之路上东西方物质、精神文明交流和交融的成果。茅台将"飞天"作为品牌树立、宣传和推广的核心，与众不同，磅礴大气。极少有酒企会用传统文化元素作为自己的商标，而茅台却让"飞天"跨越千年永驻在茅台酒的酒瓶上，成了永恒的传奇。

在20世纪90年代后期，一瓶陈年茅台酒在行业中掀起了波澜。因为这瓶陈年茅台酒酒瓶的造型与中国传统文化进行了深度结合。高贵神秘的宜兴紫砂陶瓶和作为中华民族象征之一的龙共同出现在这瓶陈年茅台酒的包装中，展现了"人文茅台，中华文化"的厚重历史文化底蕴，成为"中国酒·文化·艺术"的典型象征。

茅台连接传统文化的又一成功尝试是生肖茅台酒。一岁一生肖，十二一轮回。生肖是中国传统文化中重要的文化图腾，代表着中国人的文化性格。从春秋前后，地支与十二种动物关系确立及流传，一直到今天，生肖文化都是中国人日常生活中的深刻印记。中国传统的年月、时日都与生肖有着密切的联

系。2014年，茅台结合生肖文化、五行文化及当代著名书画家、艺术家的创作，推出了甲午马年茅台酒。此后每一年，茅台都会根据当年的属相推出限量的茅台酒。

生肖文化、传统书画艺术与茅台酒文化的碰撞，使每一款生肖茅台酒都具有极高的收藏价值。例如丁酉鸡年纪念酒的背标出自国画大师陈永锵的《司晨》，寓意鸿运当头、国运昌盛，题词由书画大家胡秋萍所写。中国民俗生肖文化中，鸡代表守信、准时、辟邪、去灾，为鸡年生肖酒赋予了吉祥的含义。戊戌狗年纪念酒主色调采用雅致低调的浅灰，瓶盖设计为金雕，灰金相映，有对比，亦有呼应。酒瓶设计还集合了国画大师纪连彬和中国国家画院副院长曾来德两位大师的墨宝，两者的狗年生肖国画与狗年赞赋相映成趣，艺术氛围感浓厚。

这一与传统文化连接的成功尝试，不仅为消费者提供了更为丰富的酒体验，还在行业中掀起了生肖酒热。其他酒企纷纷效仿茅台，推出自己的生肖纪念酒，形成一大文化景观。

具有深厚文化底蕴的酒，是更值得购买的酒。茅台通过和传统文化的连接，为酒体赋予了更丰满的价值。其他酒企仅仅讲自己的历史，而茅台站位更高，会去讲中国传统文化。茅台是博大精深的中国传统文化的缩影，和中国人根子上的文化喜好紧密相关。茅台不断传递这些观念，消费者就潜移默化地在脑中形成了这一概念：茅台酒是传统文化的传承者，是中国酒文化的物质载体。

茅台与传统文化的联结是巧妙的，而不是生搬硬套的，这与世界范围内许多传承本国传统文化的优秀企业不谋而合。比如英国卓越的发动机制造企业，会将自己与工业革命精神联系；意大利的服装企业，也会从古罗马文明和文艺复兴中寻找灵感。

茅台将自己定位为中国传统文化的传承者，与茅台酒本身有着密切联系。酒的一半是精神文化属性，茅台酒酒体的幽雅、醇厚，恰好契合了中国人温厚、质朴的性格，契合了中华民族的情感基调。茅台深厚的历史文化底蕴，也让茅台有了和中国传统文化"触电"的基础。历史的资源禀赋，成就了茅台文化今天的引领地位，增加了茅台酒精神层面的价值。

秩序重建

白酒价值回归

2003年到2012年,是白酒行业的黄金十年。十年间,泥沙俱下,有品牌乘风强势崛起,也有小作坊酒厂从中作乱作假,鱼目混珠。很长一段时间内,白酒行业一面火爆风光,另一面却乱象丛生。

随着白酒市场的升温,各路人马纷纷入局分羹。假酒、仿冒酒、发霉酒、劣质酒等令人深恶痛绝的产品充斥着市场,破坏了白酒行业的整体形象和口碑。尤其是打着"纯粮酿造"旗号的勾兑假酒,在喝完之后会引发中毒、呕吐、头痛等一系列症状,以至于一度让人"谈白酒而色变"。

种种乱象,给白酒行业带来了极大的危害,较长一段时间内,白酒都得不到普通消费者的信任。整个白酒行业很失落。

茅台从传统农耕文明中走来,致力于酿好酒,用诚信、良心为消费者带来安全、放心的产品，在行业中做了正向引领。这不仅引领行业秩序向好发展，还为白酒价值回归贡献了茅台力量。

一直以来，茅台都坚持高质量生产，坚持原料把控，把生产标准做到了行业最高。以身作则，率先垂范，是茅台在行业中始终坚守的原则。

茅台的这种质量定力和诚信理念，在白酒行业产生了标杆效应。行业企业开始重视质量，树立品牌，而不是仅仅靠贴牌、做假酒赚快钱。比如深受茅台影响的茅台镇中小型酱香酒企，因为坚持品质为先，近几年来增势喜人。

在茅台的影响下，茅台镇的酒企很注重酱香酒品牌的口碑和影响力。这种强烈的产地保护意识，与茅台的引领有着紧密的关系。

由于"酱香热"，茅台镇在短时间内涌入了大量资本。资本"围猎"茅台镇后，出现了一些急功近利、鼠目寸光的行为：一是仿茅、傍茅等侵权乱象；二是内供、专用、特供等虚假宣传乱象；三是发霉酒、洞藏老酒、长毛酒、原浆酒等劣质酒乱象。

"劣币驱逐良币"的现象极易出现在白酒行业。这些乱象如果长期存在，就可能会导致食品安全事故，给酱香酒行业带来毁灭性的打击。仁怀市政府为促进仁怀白酒行业健康发展，已就乱象整治方面出台了相关制度规定，树立了行业规范。仁怀市酒业协会为净化白酒行业发展环境，也正式启动了全市酒类企

业诚信体系建设。诚信体系中包括生产企业和销售经营企业。

每年年底，仁怀市酒业协会都会向社会和媒体公布全市诚信企业名单，对生产及销售假冒伪劣产品和以虚假广告低质低价恶意营销的企业进行曝光，列入不诚信企业黑名单。仁怀市酒业协会"清理门户"的做法，对于白酒行业特别是酱香酒行业的向好发展起到了正向引导作用。

茅台作为地方支柱型企业，在引领行业向好发展的过程中具有积极作用。通过正向的理念引导，构建了一种诚信生产的行业秩序。这对白酒行业而言，是一股清流。茅台促进了白酒价值的回归，引领行业返回正轨。

对消费者而言，饮用以茅台为代表的酱香酒后，会发现白酒中确实有纯粮固态发酵的好酒。他们对于白酒的认知和认可度迅速提升，在下一次选择白酒时，就很可能选择纯粮酿造的酒，以此促进白酒行业的良性循环。

茅台通过文化宣传自己的工艺、品质、品牌理念，促进行业持续正向发展，这是茅台得以构建行业秩序的关键。

促进行业健康发展

白酒行业有句话："江山代有名酒出，各领风骚数十年。"这是在说白酒行业的周期轮转现象。白酒作为一个生活嗜好品，在每个时代都成为该时代的风向标之一。

1979年在第三届全国评酒会上确立香型概念以来，中国白酒历经了三次热潮。20世纪80年代，以汾酒为代表的清香型白酒独占鳌头。2000年前后，以五粮液为代表的浓香型白酒强势崛起，风靡天下。2010年以来，茅台引领了酱香酒的满树开花，在浓香型之外为行业开辟了新的航道，促进了行业健康发展。

茅台文化在引领"酱酒热"上功不可没。茅台文化在消费者培育、工艺普及和品质理念传递等方面，都发挥了引领的关键作用。甚至有人说，茅台品牌的成功塑造，就是对整个酱香酒行业的贡献。

由于酱香酒的工艺复杂、生产周期长，酱香酒每年的产量占白酒产量的比例并不高。2021年，酱香酒产能约60万升，约占中国白酒产能715.63万千升的8.4%。㊀虽然只有不到10%的产能占比，酱香酒却在行业中拥有巨大的影响力，可以说这是茅台领衔的酱香酒在文化上取得了胜利。

茅台稳坐白酒行业的第一把交椅，拓宽了白酒行业的酱香酒航道。虽然客观上看，茅台引领了"酱香热"，但茅台从未以"酱香酒要取代浓香酒或清香酒"的狭隘目光去看待行业的发展，而是率先提出了"竞合"理念，推动了行业新风向的出现和更大格局的形成。

作为市场开放度最高的行业之一，白酒行业在20世纪90年代至21世纪初一度交锋激烈，大家各自为战，一定程度上消耗

㊀ 摘自中国食品网《〈二〇二二年度酱酒报告〉：酱酒发展进入中场》。

了白酒行业的整体实力。为促进行业健康发展，从2016年起，茅台开始在各种场合强调竞合理念，到2017年，竞合发展得到深化，成为中国白酒行业发展的标志性变化之一。

2018年，在"一带一路名酒价值高峰论坛"上，茅台再次表明竞合态度："我们以为，在社会分工越来越细分、消费选择越来越多元的市场环境下，有序竞争、合作共赢一定是不二选择。一味竞争，只能'你死我活'；唯有'竞合'，方能共同取胜。"

2019年年初，茅台在贵州白酒企业发展圆桌会议上提出了竞合倡议："在完全充分的市场竞争环境下，白酒企业抱团取暖、共同发展才是王道，摒弃恶性竞争思维，倡导竞合发展理念是大势所趋，只有大家共同成长，才能实现贵州白酒发展。"

竞合发展理念的提出，得到了行业的广泛认可。从2016年起，茅台就与五粮液、泸州老窖、汾酒等兄弟企业互动频繁，甚至开启了战略上的合作。除此之外，茅台与劲酒、郎酒、洋河大曲等企业互相学习，来往频繁。竞合之下，不同香型的酒企之间交流频次变高，酱香、浓香、清香相互走动，美美与共。

茅台竞合发展理念倡导的是"大家好才是真的好"，是"把行业蛋糕做大做强"。差异化竞争是自然界生物最高明的生存智慧。白酒行业不应该是"大鱼吃小鱼，小鱼吃虾米"的发展状态，而应该优势互补，共荣共享，扩大生态圈。茅台引行业风气之先，促成了白酒行业抱团发展，相互结成利益共同体、命运共同体，走向行业发展新时代。

竞合不仅是一种理念，更体现了一种修为和境界。它体现了茅台"水利万物而不争"的大气，体现了茅台行业带头人的胸怀，还体现了茅台本身开放包容的气魄和格局。

一花独放不是春，百花齐放春满园。在茅台的带领下，白酒行业共同成长。无论区域性的酒企还是行业的领头企业，都逐步步入良性竞争。行业中，竞合超越竞争、加强交流、增进合作、实现共赢已成共识和主流，大大推进了行业秩序的规范化。

大中小企业在竞争中互相包容，在竞争中共同发展，共享发展成果。这种成果的共享，会促进行业进入良性循环，实现资源分配的理想状态，也就是"帕累托最优"。㊀

2021年，在贵州白酒企业发展圆桌会议中有发言者谈到，近年来，贵州白酒企业综合素质得到了显著提升，企业不再把自己看作一个独立的主体，而是放在一个大环境里面考虑。竞合发展理念促进了行业的健康发展。深度交流互鉴，让"大帮小，互相帮"成为常态。

在民族复兴的大背景下，行业生态共谋发展，也为打造中国白酒业整体品牌提供了土壤和养分。竞合发展理念的高站位

㊀ 帕累托最优指资源分配的一种理想状态，假定固有的一群人和可分配的资源。从一种分配状态到另一种状态的变化中，在没有使任何人境况变坏的前提下，使得至少一个人变得更好。

在于：白酒企业不应该只盯着国内市场的一亩三分地，还应该走向国际市场，发扬中国白酒文化。走向世界的中国白酒，不是哪一个品牌或哪一种香型的独立概念，而是像洋酒一样，品牌集群整体输出，从而扩大中国白酒的影响力。竞合发展理念以极强的文化聚合力，引领中国民族品牌实现文化自信和品牌自信。

提倡竞合发展理念，是行业龙头企业的担当。华为、腾讯、阿里巴巴等都提出过行业竞合，带领整个行业发展向好。茅台是白酒行业的带头人，一定程度上，茅台的每一个下一步，都极大影响着白酒行业的发展秩序。

探路人带领着后面的整个队伍，茅台所走的路，都是别人没有走过的路；茅台要做的事，也都是别人不太敢做的事。角色既定，茅台勇担白酒行业领头人的使命，以身作则，带领行业共赴时代之约。

构建生态秩序

赤水河发源于云南镇雄县，一路奔腾而来，纵贯仁怀全境。每年重阳前后，赤水河清澈见底，为茅台酒的酿造提供了优质水源。

赤水河水体至今未被污染，离不开历代的周密保护。特别是1972年，全国计划会议明确，为确保茅台酒质量，赤水河上游100公里内，不得再建厂矿，特别是化工厂，这奠定了茅台生态理念的底色。水乃酒之源头,茅台深知,赤水河是茅台的生命。

茅台对于赤水河的生态保护意识,历代贯彻,并且早有作为。为了促进酒水资源保护区建立,茅台是当时全国第一家正式加入国家水系统防污染管理网的企业,时间上可以追溯到1995年。为保护赤水河流域生态,从2014年起,茅台连续十年每年捐赠5000万元,共捐赠5亿元,用于赤水河的生态补偿。2017年,茅台积极投入贵州"国家生态文明试验区"建设,将茅台镇沿赤水河上游100公里、赤水河两岸20公里的范围作为赤水河流域核心生态保护区域。在一系列保护措施之下,赤水河成为至今中国唯一一条没有被污染、没有筑坝蓄水的长江支流。

绿色,是茅台赖以生存和发展的底色。茅台深知绿水青山就是金山银山,所以茅台上下,都像保护眼睛一样保护着酿造茅台酒所需的生态。正如一位在茅台工作30多年的茅台人说:"皮之不存,毛将焉附。茅台赖以生存的环境是茅台酒的绿色生命线,我们必须把它保护好。谁破坏它,谁就是千古罪人!"[一]

每个茅台人都是环保的参与者、践行者、倡导者和宣传者。就是这种深入骨髓的绿色理念,推动茅台人做功在当代、利在千秋的环境保护事业。

大企业承担大责任,大品牌有大担当。作为白酒行业的龙头企业,茅台在行业中积极倡导生态保护理念,做了大量工作。

[一] 一婷. 茅台生态文化:对绿色生命线的集体敬畏[N]. 河南日报, 2014-01-16

在生产技术上，茅台倡导绿色生产理念。为保护生态，茅台大力推行"煤改气"技术改造项目，仅2018年，就减少二氧化硫排放6 048吨、氮氧化物排放2 450吨、烟尘排放7 000吨。针对污水处理，茅台投入资金4.8亿元，先后建成5座污水处理厂，日处理能力2.3万吨。㊀茅台对于污水的排放标准，比国家行业标准更为严苛。

而在生活层面，多年来，为稳固生态，茅台上至高层下至一线，每年都会在植树节进行义务植树活动，积极进行生态补偿。到2020年，在15.03平方公里的保护地域内，茅台植树面积达16万平方米，厂区绿地面积达137万平方米，绿化效果显著。㊁

为保护生态环境，茅台还在2020年7月底开始施行厂区单双号限行，拉开了茅台生产区域"绿色交通"的序幕。到2021年底，厂区每个工作日出入的车辆减少50%左右，每天大约减少废气排放66万立方米，一年减少废气排放1.65亿立方米左右，效果相当于在地球上种了6 930棵树。㊂

茅台是在做让花更艳、草更绿的事情。在茅台的带领下，行业中的企业也纷纷向茅台看齐，从思想认识上发生了天翻地覆的变化。

㊀ 摘自杨艳的《推动长江经济带发展｜贵州人用情护水、实干兴水》。

㊁ 张小军，马玥，熊玥伽.这就是茅台[M].北京：机械工业出版社，2021.

㊂ 摘自茅台时空《茅台单双号限行一年，减少废弃排放量相当于种了6 930棵树》。

2017年，五粮液也启动了宋公河（五粮液段）综合治理项目，施行河流清淤、基底修复、生态恢复、环保生态湿地建设等几大保护措施，构筑了生态功能强大的湿地系统。除了五粮液，泸州老窖等企业也探索出了自己的生态发展之路。

茅台的理念，在行业中是一阵强大的风潮。众多酒企向茅台看齐，茅台也更加以身作则、引领行业风范。2020年，茅台积极参与三省（云南、贵州、四川）四市（昭通、毕节、遵义、泸州）联动的赤水河流域生态环境保护司法协作会议，为赤水河保护出谋划策。2020年，茅台和赤水河流域其他6家重量级酱酒企业发起并签署《世界酱香型白酒核心产区企业共同发展宣言》，倡议酱酒企业要有保护生态的"硬核"行动，为赤水河流域的生态保护做出更多贡献。

除了上游源头保护，茅台的循环经济产业也打造得非常成功。茅台循环经济产业示范园，利用现代生物等环保技术，运用自然生态规律和生物系统的方法，节能降耗、清洁生产，可以实现废物再利用。

比如，生产茅台酒的过程中会产生大量酒糟，酒糟堆积易造成环境问题。茅台巧妙运用生态处理技术，将酒糟资源化利用生产有机物，变废为宝。制曲过程中产生的废稻草，也能作为肥料使用，实现"从土里来，到土里去"的良性循环；废旧稻草还能卖给养牛企业，经过加工后用作牛饲料；还可以转化为生物天然气，解决农村能源短缺的问题。

茅台斥资打造的循环经济项目，形成了茅台酒产业和生态

农业之间的耦合和循环，对白酒行业固废利用、产业链延伸、现代农业产业结构等领域的调整都起到了示范作用，引领了行业的生态保护。最为显著的成果是各大酒企纷纷加码循环经济，尤其是涌现了许多运用现代科学技术抢占"绿色高地"的举措。作为白酒行业的领路人，茅台引领了行业绿色发展，也构建了生态秩序。这是茅台之使命，亦是茅台之行动。

02

茅台文化的
生长演进

茅台文化从哪里来？答案肯定是人和时间。

文化由人创造，也塑造着人；文化来自时间，也在时间中传递。

茅台文化从历史的路径中走来，源远流长。两千多年前，赤水河流域一带居住的濮人，在文化融合中创造了最原初形态的茅台文化。这是茅台文化原发性阶段的开端，是茅台文化的来路。

从源头之处看，茅台文化具有容纳性和伸展性的特征。由一颗种子萌芽，到长成参天树木，茅台文化经历了四大演变阶段：原发性文化阶段、商业化早期的文化演变、自觉性文化阶段、消费升级阶段的文化升级。文化的这四大演变，归根结底，都是人和时间的演变。人在时间中不断丰富着文化。只要人类繁衍，时间万古，文化就生生不息。

原发性文化阶段

文化源流

1994年，仁怀市东门河云仙洞商周洞穴居室遗址中，出土了90多件陶器。这些陶器造型独特，有许多类似于酒杯和酒瓶的酒器（见图2-1）。其中有一件酒器，名为夹砂陶大口樽，被考古学家判定为当时先民用于饮酒的器具之一。[一]

由历史遗迹可以推测，商周时期，仁怀一带的先民就已经有了酿酒的技术和饮酒的习惯。而陶质酒器上细绳纹、锥刺纹等精美的纹路，表明先民已经掌握了较为熟练的制陶技艺，文明程度已经较高。

考古发现对于文化的追根溯源有重要的佐证作用。对茅台文化而言，云仙洞商周洞穴居室遗址出土的酒器也是重要的源

[一] 陈泽明，龚勇.贵州酒典[M].北京：中国商务出版社，2014.

流证明。说明早在商周时期,仁怀一带就出现了酿酒的文明。

图2-1　仁怀出土的商周时期锥刺纹圆底瓶

人和时间,是茅台文化寻根之旅的两个重要方向。沿着时间脉络追根溯源可以发现,濮人这个商周时期就出现的族群,创造了数千年前对茅台而言重要的文化遗产。

濮人是贵州高原上最古老的土著民族之一。在商初,濮人就在商之正南,贡献方物。公元前11世纪,濮人与庸、蜀、羌、髳、微、卢、彭这些诸侯军队一同参与周武王伐商的"牧野之战",帮助周人推翻了殷商王朝,立下大功,成为与巴、楚、邓并列的南土方国。

到战国时期,濮人大多被楚国征服,逐渐与楚人融合,共同成为楚文化的缔造者。先进的楚文化体系,为濮人带来了深度的文化洗礼,成为茅台文化的重要源流之一。

先秦时期，濮人又被称为百濮，其居住范围主要集中在长江中游巴楚地区及其西南一带。生活在西南一带的濮人，由于地理位置的原因，天然就处于巴国和楚国的交界地带，于是，濮人及濮人的后代，无疑都受到巴楚文化的影响，形成了独有的地域文化。

进入秦汉以后，濮人的主要居住地集中到了贵州高原西部，赤水河流域正是他们安居乐业的家园。濮人将巴楚文化的种子带到了赤水河流域，茅台文化也就在这种独特的地域文化中诞生了。

濮人对于茅台文化的来源有着深远影响。茅台地名的来源，就与他们息息相关。茅台镇最早见于史料记载的地名是"马桑湾"，这一地名大致出现在古代濮人生活的年代。濮人部落居住在赤水河畔的仁怀、习水一带，这里马桑树漫山遍野，故濮人取名"马桑湾"。

后来，人们在赤水河东岸发现了一股纯净的泉水，濮人部落便在此处开了一口四四方方的水井，目的是方便过路行人饮用。此举深得人心，逐渐地，人们把这口井及这一带叫作"四方井"，以此代替了"马桑湾"。

之后，赤水河流域人类活动日渐增多，先民逐步对周边地区进行了开发利用。濮人在四方井的后街设立了一个土台，他们在土台上祭祀祖先，对祖先开疆拓土表达崇敬之情。

所谓土台，是濮人祭祀祖先的专门场所，类似于蒙古族的

敖包。濮人会在耕作区域内，选择一个开阔、适宜的地带并平整土地，便于祭祀活动的进行。对濮人部落来说，土台是神圣之地。

而在西南部、中南部少数民族之中，"茅"作为植物崇拜的对象，常用于占卜。濮人的后代仡佬族有茅草舞。湄潭傩戏中仍有"劝茅""喊茅"的步骤。在夜郎的遗俗"斗牛"中，最前面的长老领队会手拿一根青茅左右上下扫动，据称可以为自己的牛王驱除厄运、求得第一。[一]

对濮人而言，"茅"是神圣之物，因此才会在祭祀祖先的土台上栽种茅草。土台变成了茅草台子，"茅台"这一地名，由此出现。

后来，在民族融合之后，山间坝子中的大土堆，也被先民叫作茅台，成为农民劳作休憩的地方。古时濮人居住的地方，都有名为茅台的地方。茅坝镇有"九井八庙十茅台"，坛厂镇、五马镇也有"茅台"。

茅台的历史文化和地域文化是相辅相成的。古时，濮人生活在赤水河流域，善酿酒。濮人所酿造的枸酱，是赤水河流域美酒的历史宝藏，亦是茅台酒重要的文化根源。

关于枸酱的书面记载，最早出现在司马迁的《史记》中。西汉时期，汉王朝虽然开拓了广阔的疆域，但仍有一些偏远之

[一] 周山荣. 茅台酒文化笔记[M]. 北京：大众文艺出版社，2009.

地没有被纳入汉王朝版图，比如位于岭南地区的"南越"就未被收编，属于自立政权。据《史记·西南夷列传》载，公元前135年，番阳令唐蒙出使南越，在南越的番禺（今广州）尝到了枸酱，觉得味甚美，问来自何处，南越人说来自牂牁（今贵州境内）。

唐蒙回到长安后，遇到蜀商便再次询问，蜀商说："独蜀出枸酱，多持窃出市夜郎。"当时仁怀是蜀郡的南境。唐蒙知道了枸酱原来来自蜀郡之南，经夜郎沿着牂牁江转运后才至南越，受到启发，向汉武帝上书：以巴蜀之饶来修筑夜郎道，借助夜郎十万精兵，出其不意可攻下南越。汉武帝同意后，便把唐蒙任命为郎中将，率领巴蜀的士兵出使夜郎国，开拓夷道。

从这一历史记载的碎片中，可以窥见枸酱在汉朝时声名已盛，不仅在南越国受到喜爱，长安的蜀商也知其名。枸酱可能已经在汉朝境内较大范围内流通。图2-2为中国酒文化城汉武帝雕塑。

枸酱，是濮人创造的物质文化结晶，也是茅台深远文化的历史依托。从时间中回溯，能够看到茅台文化的起源及来自濮人的创造。濮

图2-2　中国酒文化城汉武帝雕塑

人吸收了巴楚文化的精华，在融合中创造性地推动了茅台文化向前发展，奠定了茅台文化深厚的历史底蕴。

从商周到秦汉，濮人对文化的探索，属于在混乱中开辟的状态。创造茅台文化的主体，是世居茅台镇一带的濮人。宋元时期，随着民族交流与融合的不断加强，仁怀一带的民族构成也逐渐发生变化。特别是山西、江西、湖南、四川等地的劳动人民迁居仁怀后，汉族占比大幅提升，成为构成仁怀民族的主体。汉族人民大量迁入赤水河流域的同时，不断加强和其他少数民族的交流。在民族融合中，茅台文化受到"移民们"的冲击，也呈现出了新的面貌。

对外贸易的酝酿

在茅台文化的发展历程中，宋末元初商贸兴盛，酒类流通于市的风潮在士大夫阶层和民间都极为盛行，这为茅台文化的蜕变奠定了基础。

秦汉到宋元时期，各民族一直在不断地交流、融合，西南一隅的酿酒业也在不断向前发展。到唐代时，贵州已经是酒乡，根据《通典》《旧唐书》《新唐书》的记载，唐代的贵州已有较发达的农业，土宜五谷、稻粟再熟，酿酒成为一种普遍现象。

在中国封建社会鼎盛时期，唐代的经济、文化、政治制度都呈现出万千气象。例如，为了更好地管理少数民族地区，实现国家边境地区的稳定，羁縻制度应运而生。羁縻制度是封建王朝依少数民族之俗，治少数民族之人的民族制度，源于秦代，盛于唐代。唐王朝共设有羁縻州44个、羁縻县5个、羁縻峒11个。

唐乾符二年（875年），南诏国（今云南）兵犯播州（今遵义），大将杨端率师入播平叛，有功。唐僖宗便派杨端到播州屯军，发展农业生产，巩固边疆政权，守护西南门户。杨端入驻播州，开启了杨氏土司统治遵义700多年的历史，也为后来茅台文化的另一个发展节点埋下了伏笔。

杨端为播州带来了新的治理理念，播州酿酒业得到进一步发展。尤其在北宋时期，今仁怀、习水附近，已能生产一种优质大曲白酒——风曲法酒。所谓"风曲"，相当于大曲。"法酒"，是指"用器烧酒之精液取之"的烈性酒，度数相当高，其清如水。也就是说，宋代仁怀一带生产的风曲法酒，可被视为达到公认标准的蒸馏大曲白酒。

风曲法酒，是茅台酒生产工艺跃升的一大标志。茅台处于仁怀酿酒的潮流中，因此酿酒的工艺也受到了影响。工艺的创新和变革，带来茅台酿酒质量的提升。与此同时，在宋代活跃的商贸环境中，茅台文化出现了新的演变。

据清代毕沅《续资治通鉴》记载，北宋政和末年，贵州西北部的"阿永蛮"用小船搭着酒和其他农副土特产顺着赤水河而下，到泸州"博易于市"。阿永蛮并不是指一个人，而是一群

人，他们是赤水河流域的少数民族。阿永是一个部落的姓氏。阿永蛮部落载去泸州买卖的第一宗物品是茶叶，第二宗是蓑衣，第三宗是酒。四川泸州本地就产酒，但是阿永蛮送去的酒也能畅销，说明其酿酒工艺有所不同。

南宋时期，朝廷在播州（今遵义）、罗氏鬼国（今费州境内）等少数民族地区开展茶马贸易，对酿酒业实施不限额、不征税的政策，石粉栅（今茅台镇）成为当时重要的通商口岸，贸易和酿酒业兴旺发达。

宋末元初，传统的重农抑商政策有所放松，商贸发展盛况空前。在阿永蛮部落的运输下，茅台所产的酒也开始了较大规模的对外贸易。

阿永蛮运酒，是茅台地区大规模对外贸易的开端。这一运酒事件持续的时间长达百年，对茅台地区的酿酒业产生了深远影响。

元代以前，受限于崎岖的地形，茅台地区产酒大多在茅台周边销售，作为农业的补给，未成气象。而到元代以后，凭借优越的赤水河水运中转位置，茅台地区的商贸蓬勃发展，对外贸易逐渐兴起。茅台文化正式走出了群山环绕的闭塞之境。

除了经济和商贸，政治也丰富了茅台文化的内容。元代，统治者令县以下分设寨、村、坪、部。据元末明初怀德司《安氏族谱》（安氏一世祖安朝和葬于茅台）记载，到元代末年，这里仡佬族先祖濮人立杆祭祖的土台上，长满了茫茫苍苍的茅草，因此在出现了"村"这个行政区划单位之后，人们将此地称为"茅草台村"，惯称为"茅台村"或是"茅村"。如今，仁怀的一些老人仍把茅台镇称为茅村。

除了茅台村行政单位的出现，在元代，中央王期还承袭唐宋的羁縻制度，在西南地区推行了一种既能稳定偏远少数民族部落秩序，又与当时民族地区社会发展情况相适应的行政制度——土司制度。土司制度推动了西南地区经济社会进步，一定程度上促进了贵州酿酒技术的精进，不少美酒成为向封建王朝上贡的珍品。

1291年，杨端的后人杨汉英任播州军民宣抚使，向朝廷进献茅台地区酿造的烧酒，忽必烈品尝之后大为赞赏，加封杨汉英为珍州、绍庆、南平等处沿边宣抚使，领一府、三十二长官司，杨汉英因此成为当时贵州最大的土司之一。其后，杨汉英每年都会向朝廷贡奉茅台地区酿的美酒。

茅台作为赤水河流域自古的美酒产区，极可能是朝贡产品的半边天。从时间轴上看，茅台地区的酒成为贡品、走入上层之始，或许就是元代杨汉英献酒之时。因此元代时期，茅台地区的酿酒业除了出现商贸往来的新现象，还迎来了茅台酒政治地位的提升。

明代核心工艺成形

据《增修仁怀厅志》载:"明万历二十九年,杨应龙叛……人民逃散,接连四载,而仁怀堡城废矣。"

杨应龙何许人也?他就是统治播州的杨氏末代土司。明万历年间,杨应龙叛乱,明王朝派遣大将李化龙平叛,调集20万大军,兵分八路对杨应龙进行围剿。由此,发生了历史上赫赫有名的"平播战役"。

平播战役时,杨应龙屯兵在山高路远、地势险要的军事堡——海龙屯。20万平播大军足足攻打了114天,终于平定播州,并改土归流,将播州改为遵义、平越二军府[一],为杨氏土司统治播州700多年的历史画上句号。

平播战役是茅台文化发展过程中的一个转折点,它不仅催生了茅台回沙工艺,同时,也为茅台酒的品牌萌芽做好了铺垫。

明朝万历年间,为平定播州之乱,朝廷"勒兵数万,五道并出",集结了大量的官兵进军播州地区。[二]平乱之后,朝廷命从各省调集的军队继续留在播州,让军队屯田戍守。《贵州通史》记载,平叛结束后明朝延实施了两项政策,一是改土归流,改播州为遵义、平越二军民府。这意味着播州地区的土司制度消亡,茅台所处的遵义军民府被纳入明朝延的政治、经济体系。

[一][二] 中国贵州茅台酒厂有限责任公司.中国贵州茅台酒厂有限责任公司志.[M].北京:方志出版社.

二是留驻军、设屯卫、复驿站。"各设屯田，每军照祖制二十四亩，再六亩为冬衣布花之费，共三十亩，自种自食，不必纳粮于官又复领出。"屯田制的施行，推动了贵州农业生产力的提高和农业技术的升级，酿制美酒的粮食供应充足，同时还推动了工商业的发展。

平播战役引发了贵州历史上的又一次大移民。大量移民进入，必然要开始大规模地开荒种地，使粮食增产。这也使得当地人民对酒的需求大大增加，刺激了酿酒业的发展。

茅台酒的回沙工艺，就是在需求量陡增的情况下发展而来的。平播战役给酿酒原料的供应造成了一定的影响。为了满足日益增长的白酒需求，集中在茅台村的酿酒作坊主们，被迫采用掺入部分新原料对整地窖酒醅进行多轮次发酵蒸馏取酒的办法，以便充分利用酒醅中的淀粉含量，节省供应不足的高粱、小麦等原料。于是，在茅台村的酿酒作坊中，便产生了一套"多轮次掺沙发酵蒸烤"茅台酒的生产工艺。饮酒需求增加，酿酒原料短缺，反而促成了多轮次掺沙发酵酒工艺的诞生。

之后，茅台的各代酒师又相继创造了"堆积工艺"，使多轮次掺入的新原料得以充分发酵；有的酒师又把第一次蒸馏得到的质量较差的酒液倒回酒醅，使之在再次发酵中增香。于是，茅台酒的"回沙工艺"产生了。"回沙"是酱香酒生产的核心工艺，经过多代酒师探索总结，逐步形成酱香酒的一套较为完整的工艺：高温堆曲、大量用曲、端午踩曲、重阳下沙、造沙、回沙、当轮次发酵蒸馏取酒、陈酿及勾兑等。

据曹丁的《茅台酒考》所载："至迟到明代，茅台酒的回沙工艺已形成。"这种独特的回沙工艺，为茅台地区酿酒作坊所独有，别处无法仿制，由此形成了茅台地区产酒无可比拟的优势。

回沙工艺的出现，是茅台文化生长过程中的大事。有了回沙工艺，茅台地区产的酒才有了成为茅台酒的基本条件，文化也才有了依托。工艺文化是茅台文化的生发原点。回沙工艺出现之后，茅台的工艺文化才逐步成形。随着时间演进，酒质不断改进，久而久之，茅台地区产酒称第一的美名传出，就有了品牌萌芽的基础。所以回沙工艺的成形，是真正意义上茅台文化产生的基础。

回沙工艺的出现，背后是农耕时期的酿酒智慧，是需求倒逼的酿造技术演进。据《仁怀县商业志》记载："万历平播后，至清代前期的一百多年间，仁怀酿酒业兴旺发达。"作为酿酒宝地的茅台河谷，在旺盛的饮酒需求刺激下，同样是酒坊林立。

最直接标注茅台村酿酒作坊位置，并留有酿酒作坊记录的，是明代万历年间茅台村的《邬氏族谱》。在这本书的扉页上，可以清楚地看到酿酒作坊的位置。这是茅台历史上，第一个有确切记载的酿酒作坊。该族谱记载，邬氏先祖是明万历二十八年（1600年）随李化龙进军贵州，平定播州杨应龙叛乱后定居茅台村的。

由此表明，最迟在明代万历年间，茅台村就已有酿酒作坊存在。出土文物也表明，当时在茅台村周围沿古道的村落，如木榭村（今中枢街道办事处木石村）、赵家坝（今茅台镇中华嘴）、安村（今二合镇紫云街道）等地，已有酒厂存在。茅台地区酿酒业兴旺已久。

平播战役结束了播州的土司制度，使茅台的商业往来进一步兴盛。明代的资本主义萌芽，促进了酿酒作坊的兴旺，同时也间接推动了回沙工艺的出现。工艺是文化密码的原点，是整个生态的起点，它使得茅台品质提升、品牌萌芽成为可能。所以从明代末年起，茅台文化底层逻辑中的工艺文化，就为茅台文化的真正形成，准备了充分的条件。

清代盐来酒往

贵州历史上不产盐，食盐均靠周边各省供应，又尤以四川自贡供盐较多。由于山路崎岖，贵州食盐运输艰难，历来有斗米换斤盐之说。食盐极度缺乏，贵州百姓吃的盐被称为"涮涮盐"，意思是将盐块用绳子挂在灶台上面，做菜的时候放在锅里涮几下，只沾一点盐味就再挂上去。贵州百姓惜盐如金，只在重要的场合，如婚宴、寿宴、亲朋好友来访时，用盐的分量才会足一些。

"盐为人人日用所必需，一举箸间，实为财政命脉所系，国家存亡所关。"贵州苦食盐短缺久矣，为了解决百姓吃盐难的问题，清代开设运盐的四大口岸，并两次疏浚赤水河。

盐岸的设置和赤水河的疏浚，为川盐入黔打通了"生命通

道"，也为茅台酒出黔、名扬海外提供了条件。

清乾隆元年（1736年），四川巡抚黄廷桂在黔边设仁怀、綦江、涪州、永宁四大口岸，为川盐入黔打通了运输的"关节"。清乾隆十年（1745年），贵州总督兼巡抚张广泗疏浚赤水河，则为川盐入黔连接了"经络"和"血脉"。尤其是仁怀口岸，在赤水河疏浚后，可从四川合江入口，经赤水河直抵茅台村，再循陆路运至贵阳、安顺等地。这条水路，大多在当时的仁怀县辖区之中，于是命名为仁岸。

贵州在历史上除了产美酒，还出产楠木及铜、铅等丰富的矿产资源。张广泗决意疏浚赤水河，除了解决老百姓用盐这个"老大难"问题，亦为了方便贵州的楠木和矿产资源的运输。

从宋元起，茅台一带就是重要的通商口岸，及至清代疏通赤水河，茅台商运、交通枢纽价值进一步释放。川盐入黔，直接刺激了茅台经济的发展，因此成就了茅台"黔北四大名镇"[一]的地位。

贵州宣传非物质文化遗产的电视栏目《记忆贵州》中说："川盐入黔是贵州历史上的重大事件。川盐古道是沿线经济发展的生命线。这条生命线是与南方丝绸之路、茶马古道媲美的重要战略性物资运输通道。"图2-3为中国酒文化城茅台与南丝绸之路雕塑。

[一] 黔北四大名镇：打鼓、永兴、茅台、鸭溪。

图 2-3　中国酒文化城茅台与南丝绸之路雕塑

网状的川盐古道,就像血脉一样串起沿线的大小城镇和村落,极大地促进了贵州与外界的物质交换。贵州的铅、铜、汞等矿产资源,桐油、茶叶、药材、竹木等山货及美酒通过这个巨大的商业网络输送出去。物来物往,赤水河上盐路、酒路等商路大通。

赤水河航道的开修,很大程度上提高了赤水河的航运能力,川盐入黔的数量大为增加,盛产美酒的茅台镇成为黔北水路交通的物资集散点。在四大盐岸之中,仁岸是运输最繁忙、交易量最大的商业口岸,贵州省大约2/3的食盐由此启程转运到各地,每年经此口岸运销的川盐达650多万公斤。㊀

㊀ 陈泽明,龚勇.贵州酒典[M].北京:中国商务出版社,2014.

这一时期，大批盐商云集茅台镇，出现了"川盐走费州，杂商聚茅台"的繁华场景，茅台镇的盐业、酒业联袂成长。盐商中，家大业大者甚众，其中不少是四川、陕西、山西的商人。

川盐入黔之后，盐业的兴盛进一步推动了地处川黔要冲的茅台镇日趋兴旺发达，市场繁荣，酿酒业更是首得其利。一时之间，茅台镇商贾云集，运盐马帮和船只络绎不绝，民夫川流不息。商人们纵横商场，需要美酒助兴；而劳动人民，如背盐赶马帮的运盐民夫和船工纤夫，还有手工业者，都需要好酒来解除疲乏。如此一来，对白酒的需求与日俱增，推动了酿酒技术的升级迭代和酿酒业销量的提高。

此时，茅台酒的独特酿造工艺已臻完善，茅台镇的酿酒业出现了一些名噪一时的"烧房"。其中较为知名的是"偈盛酒号""大和烧坊"。据《仁怀县志》记载，迄今为止，偈盛酒号是茅台镇文字记载最早的酒号。1990年，考古人员在茅台镇至仁怀县城的小路上，有一个叫三百梯的地方出土的路碑上，发现了"清乾隆四十九年[一]茅台偈盛酒号"字样。而茅台杨柳湾一尊建于清嘉庆八年（1803年）的化字炉上，铸有"大和酒坊"的字样。清代中期，茅台的酿酒作坊已然形成了一定规模。这些酿酒作坊的经营者，大多是盐商大户，他们把川盐运到茅台镇，然后又将茅台酒载向长江流域以销往各地。图2-4为中国酒文化城展出的运酒泥塑。

[一] 清乾隆四十九年为1784年。

图2-4 中国酒文化城展出的运酒泥塑

比如，位于茅台镇黑箐子宅院附近的"天和号烧房"的主人王振发就在卖酒的同时经营盐业，靠着天和盐号发家致富。盐来酒往，茅台酒产量大增，亦使之声名远播。

清道光年间曾任仁怀直隶厅同知的陈熙晋，在赴任途中夜宿茅台，目睹盐运口岸繁荣盛况，赋《茅台村》一诗赞曰："村店人声沸，茅台一宿过。家唯储酒卖，船只载盐多。"

川盐入黔，茅台酿酒业兴旺，不仅让品质得到锤炼，并出现了品牌萌芽。清代乾隆年间，出现了最早的文字可考的酒号：茅台偈盛酒号。其后，嘉庆八年，茅台杨柳湾化字炉上出现了大和烧坊字样。光绪年间再次整治赤水河后，茅春、茅台烧春、回沙茅酒等茅台镇产的酒远销外地。自此，雏形初现的茅台文化进入了一个崭新的阶段：品牌萌芽。

如果说明代回沙工艺的成形，筑牢了茅台文化的原点，明末清初，在独特工艺下，茅台产生了独特的品质和口感；那么清代品牌萌芽，即代表文化的传播载体开始出现。最迟在清朝中期，工艺、品质、品牌三者开始逐渐聚拢，真正意义上的茅台文化开始出现。

成书于清道光二十一年（1841年）的《遵义府志》中载："仁怀城西茅台村制酒，黔省称第一……谓之白水曲，黔人又通称大曲酒，一曰茅台烧。"茅台酒在盐来酒往中，声名鹊起，蜚声海内。

由于第一次疏浚赤水河效果显著，盐业、酒业都出现了前所未有的兴盛，于是出现了第二次赤水河的疏通。清光绪四年（1878年），四川总督丁宝桢（贵州织金县人）以"因势利导，酌加修治，以利舟楫。俾官商均可畅行，盐船无虞失事"为由，奏请光绪帝批准，第二次动工治理赤水河河道。他采取"商办商捐"的办法筹集款项，施工则采取"官督民办"的办法。前后历时三年，耗银两万余两，再次改善了赤水河的通航条件。

赤水河经过整治，大大提高了川盐入黔的货运量，加上改革运销制度，实行官运商销，使茅台盐运业进一步兴旺，促进了茅台酿酒业的恢复和发展，酿酒作坊如雨后春笋般建立起来。丁宝桢治理赤水河时得到了华联辉的经验支持，同时，在华联辉的帮助下，改革盐政，确立"官督、商运、商销"的原则。

华联辉，祖籍江西临川，祖上于康熙年间来到贵州，在遵义团溪定居。华联辉对于茅台酒在第二次赤水河疏浚后开启的"第二春"，起到了"播种"的作用。

在盐来酒往的繁盛历史中，茅台酿酒业也有低落的时候。清咸丰四年（1854年），黔北一代杨龙喜起义，改咸丰四年为江汉元年。仁怀首先响应起义军，清廷调军平叛，仁怀村寨皆夷为废墟。茅台一带的酒坊都毁于兵乱，酿酒一度中断。

清同治元年（1862年），华联辉在茅台村购得酒坊旧址，找回了当年的酒师，在毁于兵灾停产数年的"茅台烧房"废墟上重建酿酒作坊，取名"成裕烧房"（后改名为"成义烧房"），引领了茅台酒业的恢复。

华联辉修建成裕烧房的背后，有一段感人的故事。因母亲年轻时尝过茅台村产的酒，念念难忘，华联辉便前往茅台寻找母亲记忆中的佳酿。无奈茅台酒坊毁于兵变。为能让母亲再次品尝到钟爱的味道，华联辉重建烧房。所以茅台酒的生产，可以说是在中国孝道文化中恢复的。

在丁宝桢疏浚赤水河、改革盐政后，华联辉取得了仁岸盐业的经营权，开设了永隆裕盐号和永发祥盐号。华联辉将成裕烧房所产的酒，交给永隆裕盐号销售。盐号和酒号共同经营，使得华氏家族的财富迅速增长。贵州民间有谚语"华家的银子，唐家的顶子，高家的谷子"，其中的华家，就是指华联辉所

在的家族。

川盐入黔后，茅台地区酿酒作坊兴盛的另一代表，是荣太和烧房。清光绪五年（1879年），习水军阀孙全太，与商人石荣霄、地主王立夫一起在茅台杨柳湾创建了"荣太和"烧房。三人的合作虽然是一个政商结合体，但荣太和烧房与茅台各家烧房的竞争，也促进了茅台酒工艺、品质、品牌的完善，不断丰富了茅台文化的内涵。

清代盐运与酿酒业的相互促进，使得茅台镇的酒走出了西南的小河谷，走向了更广阔的世界。工艺、品质、品牌的聚拢，也让茅台文化呈现出了最初的面貌。尤其是品牌的萌芽，让茅台文化有了向外传播的载体。

清代中后期，茅台酒的名字开始频繁出现在历史文献中，成为留名史册的名酒。除此之外，文人墨客对于茅台的钟爱，也为茅台文化增添了物质魅力之外的色彩。在茅台文化的历史演进中，清代是最重要的朝代。赤水河疏浚，川盐入黔，茅酒出黔，盐来酒往，茅台文化进一步生长繁盛。

沙滩文化与茅台酒

清道光二十三年（1843年）秋，被称为"西南巨儒"的贵州遵义县（今遵义市播州区）沙滩人郑珍，从遵义去仁怀厅（治所在今赤水市）的路途中，曾小住茅台。眼见茅台盛况，他写下了后世传为经典的一句诗："酒冠黔人国，盐登赤虺河。"

该句出自郑珍名作《茅台村》，铿锵有力地道出了大山深处茅台酒的品质和美名。茅台酒名扬天下，对于此句，人们亦是耳熟能详。郑珍是"沙滩文化"的代表人物。沙滩文化的发展，对于茅台文化知名度的提升具有推波助澜的作用。

"贵州文化在黔北，黔北文化在沙滩"，这句话高度概括了沙滩文化在贵州的地位。当然不只是在贵州，全国范围内，沙滩文化亦可与"吴越文化""河洛文化"相媲美。抗日战争期间，原国立浙江大学史地研究所编撰《遵义新志》，正式提出"沙滩文化"一词，引起学术界关注，研究论著不断涌现。

"沙滩文化"是一种地域性文化现象，在清代后期的一百多年里，盛极一时，共出了近百名举人、进士。沙滩文化主要以贵州遵义的黎氏家族作为主体。奠基人黎恂的侄子黎庶昌、外甥郑珍、门生莫友芝是沙滩文化的代表人物。黎、郑、莫三人先后迁到沙滩附近居住，三个家族互为师友，结为姻娅，形成了晚清一大文化现象。

郑珍，晚清著名学者，字子尹。今天遵义会议会址旁的子尹路，就是为了纪念郑珍而命名的。清道光二十三年（1843年），郑珍应原遵义知府平翰之邀到仁怀直隶厅（今赤水市）做客，他借道茅台镇，望见此地依山傍水，以赤水河为母亲河，两岸群山连绵，草木丰茂，实乃酿酒之宝地。郑珍问及酿酒秘诀，当地人欣然告知："采天然之气，取地下之灵，人得其洁，

窖得其老，火得其缓，除此别无其他"。听罢，郑珍赞叹不已，赞世代茅台人之智慧，叹酿造技术之精妙。

郑珍挥笔写下后人传诵的《茅台村》：

远游临郡裔，古聚缀坡陀。

酒冠黔人国，盐登赤虺河。

迎秋巴雨暗，对岸蜀山多。

上水无舟到，羁愁两日过。

《茅台村》之后，郑珍还写下"蜀盐走贵州，秦商聚茅台"等诗句。仅在茅台小驻期间，他就写下十一首诗记述此行，如《放船百二十里至青龙滩，复山行十五里，宿斤竹冈》：

霜晓起柂茅台村，轻舟快如骏马奔。

卧看红树尽习部，歌上苍崖已僰门。

垂老远游聊写意，向来豪气总无痕。

荒冈苦忆芝桨老，饶尔红炉正弄孙。

当代国学大师钱仲联在《论近代诗四十家》中写道："清诗三百年，王气在夜郎"，说的便是郑珍。郑珍将茅台酒、茅台村镌刻进诗文，为茅台留下了宝贵的文化资源。茅台跃然入诗，从时间维度看，可以让其流芳百年；从空间维度看，可以使其传递到大江南北。茅台酒留名文人笔端之时，就是茅台酒被赋予文化意义的起始。站在这个角度看，郑珍的诗作，帮助茅台沉淀出了深厚的文化底蕴。

莫友芝和郑珍并称"西南巨儒",两人一同编纂了有天下第一府志之称的《遵义府志》,在此书中写道:"仁怀城西茅台村制酒,黔省称第一。其料纯用高粱者上,用杂粮者次之。制法:煮料和曲即纳地窖中,弥月出窖烤之。其曲用小麦,谓之白水曲,黔人称大曲酒,一曰茅台烧。""仁怀地脊民贫,茅台烧房不下二十家,所费山粮不下二万石。青黄不接之时,米价昂贵,民困于食,职此故也。"对茅台酒的原料、制法、规模及造成的影响都做了具体的描述,后世多引此文。

莫友芝虽然没到过茅台镇,但他却多次在诗歌中提到茅台酒,如"茅台昨日不须惜,急管繁弦动秋碧"。莫友芝是较早直接宣传茅台酒的人,肯定了茅台在当时的知名度和美誉度。

黎庶昌,是知名学者,也是爱国外交官,被称为"贵州走向世界第一人"。他两度出任驻日公使,为推动中日文化交流做出了重大贡献,也为茅台酒走向世界打下了基础。

黎庶昌幼时跟从郑珍学习,对于郑珍的治学、为人都极为钦佩。老师的诗文风格,黎庶昌也很是喜欢。郑珍和莫友芝合纂的《遵义府志》,从草稿到成书,黎庶昌都反复拜读过。

黎庶昌才学出众,诗文主张经世致用。同治元年(1862年),他上书论时政,见地深彻,洞察入微,获赐知县职位,入曾国藩幕。后因其有杰出的外交能力,清廷资他二品顶戴,出任驻日公使。当时日本正值明治维新之后,国力增强,野心勃

勃，企图征服全世界。黎庶昌以大国之格局，不卑不亢地与之周旋。

1881—1884年及1887—1889年，黎庶昌两次以道员的身份出任驻日公使，利用外交实力推动了中日两国的友好往来。

黎庶昌第一次在日本担任公使的时候，很想用家乡的茅台美酒来宴请贵宾，联络中日国家友谊，但是山高路远，当时的交通还未像如今一样发达，终是无法实现。于是，在他重返日本之时，谨记此事，在光绪十三年（1887年），派人到茅台镇购买一批茅台酒，准备带到东京，作外交宴请之用。

茅台镇中迅速传开了这个消息，大伙都激动不已。尤其是镇上几家烧房的老板，简直是喜上眉梢，成义烧房的老板华联辉更是喜悦。华联辉是贵州遵义人，本就是举人出身，一贯和沙滩文化名流郑、莫、黎三家往来密切。文人墨客难分家，华联辉对黎庶昌购酒一事十分上心，准备了上好的茅台佳酿。

黎庶昌把茅台酒带到日本东京之后，在芝山红叶饭馆宴请日本友人。对方品尝了茅台酒后惊喜地发现，这种酒拥有特殊香味，浓郁而不上头，飘香历久不散，饮后空杯留香不绝，用两个字概括，那就是：好酒。所以饮用后，他们都像发现了新大陆似的，纷纷称赞。

黎庶昌以诗文和酒在日本广交友人，其开展的一些诗酒唱和活动，不仅帮助他与社会名流增进了友谊，更促进了中日文化的交流。日本友人岛田重礼曾著文说："黎君公务之余，广与绅学士、骚人墨客交，每春秋佳日，选胜张宴，献酬唱和，以摅雅怀，而合欢心，一时传为佳话。"黎庶昌的道德品行，受到日本朝野上下的推崇和敬佩。在当时，他以一己之力提高了中国使节在日本所受到的礼遇。

黎庶昌卓越的外交表现，客观上使茅台酒在日本赢得了声誉，已是真切地为国人争了光。当黎庶昌任职期满，要启程回国之时，据黄万机的《沙滩文化志》所描述："饯别宴会无虚日，惜别祝颂之词以百计，启程之日送行者盈途塞巷，情谊深笃者竟追饯至数百里外。"西洋各国使节见此情景，啧啧称赞，说这是自东京都设立外交使馆以来，使臣归国所绝无仅有的盛况。

黎庶昌外交才华出众，其文格、品格更与沙滩文化一脉相承。黎庶昌曾有"君子之持身也，不敢造次涉于虚无之境。居常恳恳以忠信诚悫为本，以戒欺求慊为功，以存不忍人之心为用，博约乎文礼之涂，潜息乎仁义之府"之句。在精神层面上，黎庶昌始终保持着中国文人兼济天下的品性、光明磊落的风骨和端正无欺的操守。这种东方君子的品性，来自中国文化、沙滩文化的滋养。

以郑珍、莫友芝、黎庶昌为代表的沙滩文化，丰富了茅台酒早期的文化意义。从当时起，有了诗文的加持，茅台酒就不仅仅是"酒"了。

茅台文化与沙滩文化的诞生地，相距不过百余里，两者有

一个可以窥见的共同点，就是它们都是在极度封闭的空间中，文化自我生发的结果。在一个几平方公里的地方，沙滩繁衍出了可以媲美吴越文化的地域文化，是现象级的。同样，茅台的地理环境原始、封闭、狭窄，却诞生了卓越的酿造工艺、品质和酿造人。这两者，不能不说都是贵州历史发展中的奇迹。

商业化早期的文化演变

1915年：原初商业模式诞生

只听到清脆的"啪嚓"一声，一个褐色酒罐应声而落，周围人在一瞬间的惊愕之后露出了探寻和陶醉的表情，人人都好奇是何佳酿，竟如此浓郁芳香。满室酒香，引人惊叹，这是1915年巴拿马万国博览会上的一幕，也铺开了茅台文化演变的新开端。

清末民初，社会动荡，中国处于半殖民地半封建社会，但洋务运动和戊戌变法的推行给中国这片土地带来了新的生机和希望，民族工商业在夹缝中生长，贵州民族工商业也逐渐兴起。茅台酒作为赤水河谷的标杆美酒，古今文人墨客称颂不断，此时又借着新时代的浪潮和机遇，荣获巴拿马万国博览会金奖，走向了寰球，声震神州大地。

1912年，美国旧金山商人罗伯特·大来（Robert Dollar）

为巴拿马万国博览会参展之事专程来到南京，游说中华民国政府，会见了孙中山。但当时正值民国初年，时局尚不稳定，因此孙中山并未同意即刻参加巴拿马万国博览会。而后，北洋政府决定参展，袁世凯建立了巴拿马赛会事务局，任命陈琪为局长兼赴美赛会监督，通知各省筹办参展物产。于是，各省相继成立"赴赛展品协会"。贵州公署接到通知后，立刻开始准备贵州的土特产品，在1910年南洋劝业会上获过奖的茅台酒自然是不错的选择。各省的产品在挑选结束之后便送往了农商部。

农商部收到成义、荣和两家烧房的参展样酒之后，发现两种酒都没有注册商标。不论是包装、产地，还是名称，都如出一瓶，酒瓶是黄褐色土陶罐，瓶上均有"茅台烧房出品"的字样，无法进行区分。于是决定合二为一，使用当时暂不存在的"茅台造酒公司"之名，以贵州公署的名义送展。

巴拿马万国博览会展陈从1915年2月20日持续到12月4日，参观者达到了1800万人次，开创了世界历史上博览会历时最长、参加人数最多的先河。茅台酒当时放在了中国农业馆进行展出。农业馆本身吸引力不算太高，再加上酒瓶子又是土气的褐色陶罐，驻足之人鲜少，偶有路过的参观者，会小声议论这个酒瓶看起来有些土气。

其中一位中国代表看到洋酒的展区人流如织，而茅台酒展台却门庭冷落，心中不平衡之情顿起，再一想到中国在过去几年受到的不公正待遇，义愤填膺。他想，如何让外国人见识见识茅台酒？他灵机一动，把茅台酒搬到展厅最热闹的地方，佯装手滑，酒瓶应声落地。

顿时，酒香四溢，茅台展台周围的各国参观者纷纷闻香而来，惊奇不已。一时之间，中国农业馆人头攒动。在场的赛会事务局的官员们，赶紧打开其他的茅台酒，倒进杯中，让参观者细细品味。好酒面前无国界。饮毕，周围的外国人七嘴八舌地展开了讨论，均是溢美之词。这罐其貌不扬的酒，改变了一些外国人对中国的刻板印象。浓烈的酒香还吸引了赛事评委，就连见多识广的评委也对茅台酒的品质给出了极高的评价，其空杯留香的特质，极其罕见。

由于茅台酒在展会期间引起的轰动效应，未经评审团评比，直接由高级评审委员会授予茅台酒巴拿马万国博览会金奖。《巴拿马万国博览会会刊》和《旧金山报》都对中国农业馆展出的盛况进行了报道，对包括茅台酒在内的中国酒做了专门评价："中国名酒风味独特，受到西方各界人士的青睐，在所有获奖的名酒之中，唯独贵州茅台酒独享'世界名酒'的美誉"。这就是贵州茅台历史上经典的"智掷酒瓶夺金奖"佳话。

智掷酒瓶夺金奖和传统文化中子昂摔琴的典故，颇有相似之处。

初唐诗人陈子昂年轻时欲一展宏图，从家乡只身到长安。首都人才济济，然而朝中并无可帮衬之人，陈子昂怀才不遇，忧愤不己。一日，他走在长安街上，看到许多人都围着一个卖胡琴的摊位。陈子昂不像其他人那样犹豫不决，而是直截了当地花重金买入了这把琴。众人暗暗吃惊，听陈子昂说自己尤擅抚琴，愈感好奇。

次日，陈子昂的住处围满了人，陈子昂捧起了胡琴，忽然激动地说："我虽然没有二谢的才能，但也有屈原、贾谊的志向，我带诗文来到京城，竟无人问津！一说抚琴，却有众人围观！叫我如何能平！"语毕，遂摔断千金胡琴。在众人震惊千金就此消散之时，陈子昂拿出了自己的诗文稿，分赠给众人。观者阅后无不惊叹于陈子昂的才华，诗作不停地在人们手中传看。只一日之内，陈子昂便名满京城。

正所谓"酒香也怕巷子深"，文化的因子可能潜藏于实体物背后，需要通过一些方式让其显露，才能使金子在泥土中闪光。茅台酒和陈子昂，虽然一是物，一是人，却都是通过"智摔"来达到目的的。

贵州茅台在获得了巴拿马金奖之后，于1915—1916年，又参加了在美国加利福尼亚州南部的海滨城市圣迭戈召开的"巴拿马加利福尼亚万国博览会"并再获金奖，成为世界三大蒸馏酒之一，与法国的科涅克白兰地、英国的苏格兰威士忌并称，着实让中国人扬眉吐气。

在这一时期，作为中国白酒代表的茅台，既扬了国威，知名度和美誉度又得到了极大的提升，在茅台酒的历史上留下了浓墨重彩的一笔，为之后茅台酒走向国际奠定了基础。

茅台酒在世界舞台中站上了高位，耀眼夺目，消息传到贵州，整个茅台镇自然都无比兴奋。荣和、成义烧房想不到茅台酒能获此殊荣，两家在惊喜之余，开始了抢夺荣誉的纷争。对于巴拿马金奖的归属，两家互不相让，甚至打起了官司，在贵州乃至中国白酒行业引起一场"商标"纷争。

官司从当时的仁怀县商会打到了县政府，又从县政府打到了贵州公署，最终由贵州公署折中做出了裁定，荣誉归两家烧房共享，在商标上均可使用该获奖名称，不过奖牌由仁怀县商会保管。当时贵州省省长刘显世下发的贵州省长公署指令（见图2-5）中写道："呈巴拿马赛会茅酒，系荣和、成义两户选呈，获奖一份，难于分给……应由该知事发交县商会事务所领收陈列，毋庸发给造酒之户，以免争执，而留纪念。"两家烧房皆大欢喜，共同享有巴拿马万国博览会金奖的荣誉。从这之后，贵州出现了"北有仁怀茅台酒，南有都匀毛尖茶"的说法。

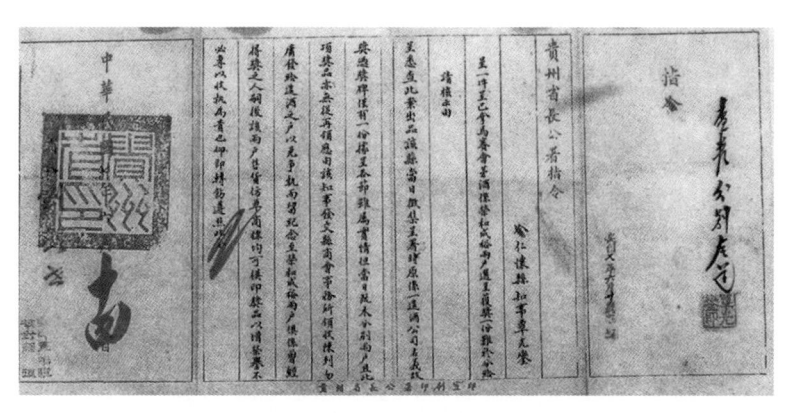

图2-5 关于茅台酒获奖纷争的贵州省长公署指令

两家烧房打官司，并不仅仅是争夺奖牌这个表面意义。从文化角度看，茅台的品牌和文化已经从西南一隅走向了当时世界最大的平台，是国际认知度的提升。从思想角度看，金奖促使了茅台镇商人品牌意识的出现。

1915年茅台获巴拿马万国博览会金奖，几乎可以看作开创了一个新时代。在获奖之后，茅台酒开始大规模地走出去，茅台镇的酿酒业从此也开始进入了商业化早期阶段。茅台镇的酿酒业逐渐从一种传统的、小农经济式的小打小闹，变成了一种有规划性的商业模式，发生了根本性变化。这是茅台文化演变的重要节点。

巴拿马万国博览会之后，茅台镇的酿酒业真正兴起。酿酒重利吸引下，许多人纷纷入局茅台经营酿酒作坊，茅台镇形成了原初形态的"酒业集群"。1916年，仁怀县的酿酒作坊就已经达到了307户。㊀修建新烧房、扩产、打广告、做品牌，茅台镇酒业，呈现百舸争流的态势。

成义烧房（见图2-6）就是扩产和做品牌的佼佼者。一开始，成义烧房年产量只有1750公斤，获得巴拿马金奖之后，成义烧房当时的主管人华之鸿商机意识觉醒，很快成义烧房便扩大了生产，年产量达到8500～9000公斤。㊁

㊀ 陈译明，龚勇.贵州酒典[M].北京：中国商务出版社，2014.
㊁ 中国贵州茅台酒厂有限责任公司.中国贵州茅台酒厂有限责任公司志.[M].北京：方志出版社.

图2-6　成义烧房全景（20世纪70年代摄）

文通书局是当时中国印刷业的重要力量，在抗日战争时期，大量的文人墨客、专家学者被迫进入西南三省，文通书局成为他们出版作品最主要的渠道之一。华氏家族经营着文通书局，自然有诸多机会和这些文人交流。在出版活动和宴请活动中，成义烧房第三代接班人华问渠都会用茅台酒来为大家助兴，让茅台酒香印刻在大师们的灵感记忆中。

后来，华问渠还通过文通书局销售茅台酒，既找准了市场，又为酒体赋予了文化气息。华之鸿是成义烧房的第二任接班人，1911年他在贵阳筹办了文通书局，后陆续在上海、长沙、广州、成都、重庆、昆明设立分局。文通书局售酒对茅台文化而言有开创意义，这是茅台酒走向全国市场的一个标志性事件。文通书局使得茅台酒的经销店遍布全国各地，这是成义烧房在商业化早期进行的探索。

除了成义烧房，1915年后，荣和烧房（见图2-7）也扩大了生产规模，所产酒主要销售到云贵川等地，极大地提高了荣和烧房乃至茅台镇酱酒的知名度，使其声名远播。

图2-7　荣和酒坊地灶和酒甑

成义、荣和，是茅台镇的两家老牌烧房。除了这两家烧房，在获得巴拿马万国博览会金奖后新起的一家烧房，在茅台历史上同样举足轻重，它就是恒兴烧房（见图2-8）。1929年，贵阳商人周秉衡在茅台镇建立衡昌烧房。建厂伊始，因成义、荣和的百般阻挠，衡昌烧房经过两年才筹建到位开始投产。以此侧面可以看出，巴拿马万国博览会后的茅台镇酿酒业竞争异常激烈。在周秉衡的带领下，烧房发展并不顺利，直到1938年，赖永初加入合伙经营后，烧房才真正有了起色。

图2-8 恒兴烧房外景

1941年,周秉衡退出,赖永初接手衡昌烧房后,开始独家经营,遂将烧房更名为恒兴烧房。赖永初走在时代前列,既有商业头脑,又有法律意识,他为自己的产品注册"赖茅"商标,还设计了大鹏的商标形象,寓意"大鹏展翅,鹏程万里"。商标注册后,赖永初把恒兴烧房出品的茅台酒都用赖茅酒瓶进行包装,以在市场上进行独立区分。在他之后,华家的成义烧房把所产的酒改名为"华茅",王家的荣和烧房则改为了"王茅"。至此,茅台镇酒业呈现出华茅、王茅、赖茅三足鼎立的态势。

1915年巴拿马万国博览会金奖,间接催生出茅台镇酿酒业的原初商业模式。今天,站在1915广场上,能望到赤水河对岸密密麻麻的酒企招牌。百余年前,茅台酒从这里走出,由此奠定了酱酒产业集群的雏形。河水悠悠,历史跌宕,1915这一荣耀的时间节点,因为被镌刻进地标建筑的名字里,而更加熠熠生辉。

民国时期：脱离一般性日常品

"内政方针，有官皆桐梓；外交礼节，无酒不茅台。"这是民国时期报刊上的联语，所报道的是20世纪20年代，把持贵州政权的周西成。

周西成是贵州桐梓系军阀头目。1923年，周西成组织"靖黔军"自立军权，坐镇赤水河畔。其麾下几乎都是桐梓老乡，因此才有联语"有官皆桐梓"。"桐梓系"军阀是民国年间黔系军阀的一个重要分支，20世纪20至30年代，"桐梓系"集团曾把持黔政十余年，从周西成、毛光翔到后来名噪一时的"贵州王"王家烈，一连几任都是桐梓人。

作为桐梓系军阀的开山鼻祖，周西成是贵州现代史中一位影响深远的人物。他虽然靠武力起家，却在地方建设，特别是在经济建设方面颇有作为，开创了贵州经济史上诸多的第一。比如，他为贵州较为薄弱的经济奠定了近代工业的一定程度的基础，在西南经济发展史上留下了一笔可入史书的功绩。从这个角度讲，周西成不失为一位有所建树的封建军阀。

1924年6月，周西成在茅台镇建立十师护商处，重点对茅台酒的生产和经营进行保护。他本人极其青睐茅台酒，除了自己品鉴，还会大量采购茅台酒用于内政外交方面的馈赠。

1926年，周西成全面掌管贵州全省军政，更需要茅台酒作为政治活动的交际礼品。他每年要将数千瓶茅台酒送与南京政府及四川、广西、广东等地的军政要人。

因此，这个时期，茅台酒在党政军界占有了一席之地，从一般的日用品开始成为有象征意义的产品。"内政方针，有官皆桐梓；外交礼节，无酒不茅台"这句联语，虽然是小报对周西成的描述，暗讽其任人唯亲之道，但是在客观上，周西成的确提高了茅台酒的地位和知名度，刺激了人们对茅台酒的社会需求。

茅台酒具有悠久的酿造历史、独特的酿造工艺、上乘的品质和深厚的文化，在中国的政治、经济、外交、生活中都发挥着不可替代的作用，因此在中国酒业中具有特殊的地位。

茅台镇最早的酒号是偈盛酒号，其存在时期最早可以倒推至清代中期。资料记载，在嘉庆、道光年间，茅台镇专门酿造茅台酒的烧房已经有二十余家，但最有名的还是偈盛酒号和大和烧房。在获得巴拿马万国博览会金奖之后，成义、荣和两家烧房的产品成了人们争相追逐的珍品佳酿。同时，偈盛酒号的茅台酒也成了贵州都督府的专供酒，是达官显贵宴请宾客好友时酒桌上必备之酒。

民国时期，黔军军官，凡连职以上的，依职务资历，定期配发茅台酒，以提升士气。因此，但凡黔军出身的将领，与茅台酒都有着难以割舍的情怀。

在那个曲折跌宕的年代，茅台酒正式进入了政界、军界，并在宴饮和社交活动中扮演着重要角色。茅台文化也因此延伸出新的内容。

此前，茅台酒或许价高量少，但没有明确的象征意义，

酒只是酒。而在民国时期，茅台酒逐渐脱离了一般性的日常产品，拥有了超过一瓶酒本身的象征意义。从这一时期起，茅台酒和象征性的符号挂上钩，奏响了又一段文化演变的旋律。

红军长征：变革性的文化冲击

茅台文化之河在时间中一路奔流，不断收纳新生支流，河面越来越宽阔。到1935年，这条河流迎来了一个大的拐点，有一群人，用他们先进的理念，为茅台带来变革的红色基因，也带来了全新的文化气象。

茅台镇坐落于西南河谷的群山之中，虽然有赤水河由南往北，但自然环境仍然显得闭塞，不能第一时间接触到新的文化。1935年，红军长征来到茅台镇，为茅台酒文化的发展留下了深刻印记。

茅台与红色文化的结缘，始于红军四渡赤水。红军三渡赤水的渡口，便在今日茅台酒厂的所在地——茅台镇。

长征，从江西瑞金开始，到湖南，红军所到之处，都给当地带去了变革精神，燃起了星星之火，到贵州，更是呈燎原之态。一阵风吹向了茅台镇，播下了红色文化的种子，茅台文化渐成参天大树。

1935年，红军在赤水河中游河段，四次飞渡，演绎了世界战争史上的传奇篇章。在红军飞渡的土城、太平渡、茅台、二郎滩四个渡口之间，两岸悬崖峭壁，河口礁石林立，滩险流急，惊涛拍岸，充满惊心动魄。

在红军部队进入茅台镇期间，红军总政治部就以主任王稼祥、副主任李富春的名义发布了《中国工农红军总政治部关于保护茅台酒的通知》，受到当地人民群众的热烈欢迎。《中国工农红军第一方面军史》一书录载了这份通知，全文如下：

中国工农红军总政治部关于保护茅台酒的通知

民族工商业应该鼓励发展，属我军保护范围。私营企业酿制的茅台老酒，酒好质佳，一举夺得国际巴拿马大赛金奖，为国人争光。我军只能在酒厂公买公卖。对酒灶、酒窖、酒坛、酒瓶等一切设备，均应加以保护，不得损坏。望我军将士切切遵照。

主任： 王稼祥

副主任： 李富春

这份关于保护茅台酒的通知的发布，体现了红军对茅台历史文化的尊重，有效保护了茅台酒的生产与经营，在教育部队本身的同时，也让茅台镇的民众对茅台酒的文化价值、未来的发展前景，有了更深层次的了解。

红军驻军茅台镇期间，茅台镇的人民对红军像对亲人一样嘘寒问暖，送水送饭，用茅台酒慰劳红军。

耿飚将军在回忆中称茅台酒是举世闻名之物，到了茅台镇，将士们不论是会喝酒的还是不会喝酒的，都会买茅台来，或是饮用或是备用，拿来舒筋活血。

曾与郭沫若、郁达夫创立著名革命文学团体"创造社"的成仿吾在他的《长征回忆录》中也提到了茅台酒舒筋活血、振奋精神的功效，并称政治部出了布告，不允许红军进入茅台酒厂和作坊。

在人民出版社的《革命回忆录》中有陈毅和黄炎培以茅台为主题的赋诗。陈毅于1952年，在南京以茅台酒设宴款待黄炎培先生时，席间即兴赋诗：

  金陵重逢饮茅台，

  为有嘉宾冒雪来。

  服务人民数十载，

  共庆胜利饮一杯。

黄炎培随即和了一首：

  万人血泪雨花台，

  沧海桑田客去来。

  消灭江山龙虎气，

  为人服务共一杯。

黄炎培诗中所说的客，就是红军。茅台酒是红军四渡赤水的历史见证。正是这些红色的历史记忆，为茅台酒注入了不可替代的基因，使得茅台酒伴随着中华民族的崛起而不断走向辉煌。贵州本是偏远、落后山区，却因这一抹亮眼的红色、一股变革力量，而变得越发鲜活、明亮。

自觉性文化阶段

建厂之后的文化探索

时间到了一个关键节点上——中华人民共和国成立这一庄严的历史时刻,它是茅台酒走向工业化的起点——茅台酒厂建立了。从那时开始,茅台进入了新时代,茅台文化也走向了新征程。

1951年到1953年,国家先后通过收购、没收、接管等途径,将成义、荣和、恒兴三家私营酿酒作坊合并,成立了国营茅台酒厂。

1949年,贵州全境基本解放后,长期在外打理文通书局的华问渠深知天下大势,他主动通过相关人士找到人民政府,表示愿意将祖产售卖给国家。1951年,人民政府与华家正式签署协议,由贵州省酒专卖局以人民币旧币1.3亿元(折合新币1.3万元)收购成义烧房,组建贵州省专卖事业公司仁怀县茅台酒厂(简称国营茅台酒厂)。

1952年，仁怀县财经委员会将没收的荣和烧房划拨给国营茅台酒厂。

同年，贵阳市财经委员会下发《关于接管赖永初恒兴酒厂的财产的通知》，由仁怀县财经委员会转给国营茅台酒厂接管。

国营茅台酒厂在1953年7月底划归由贵州省人民政府工业厅管理，为工业厅直属企业，厂名改为"贵州省人民政府工业厅茅台酒厂"。

成义烧房原有的酒师和工人悉数进入国营茅台酒厂（见图2-9）工作，成为酒厂灵魂人物的郑义兴、李兴发等即是其中代表人物。

郑义兴（见图2-10）是李兴发的师父，是一位充满传奇色彩的酿酒大师，在国营茅台酒厂成立前是三大烧房重金争夺的对象。在成义烧房时，从最早的下料到最后的勾兑，全流程可以由他一人完成。在国营茅台酒厂成立之后，需要制定完整的工艺流程，郑义兴首先响应号召，将家传五代的技术和自己30年的经验总结成册，这对于茅台制定操作流程的

图2-9　20世纪50年代国营茅台酒厂风貌

茅台文化力

图2-10 郑义兴（站立者）笑谈茅台酒

重要性不言而喻。

郑义兴大半辈子都在为国营茅台酒厂付出，临终时，还不忘告诫徒弟李兴发："茅台酒是国家的酒，一定要认真搞好啊。茅台酒生产工艺不能走样，不能失传。走样了就不是茅台酒，就对不起国家，对不起祖宗！"可见，茅台人爱国、为国争光的意识早已萌发并逐渐深植于心中。

茅台发展历程中的重要节点，郑义兴和李兴发是国营茅台酒厂当之无愧的灵魂人物，他们是围绕着茅台酒做质量文化探索的第一批人。他们在传承茅台酒传统工艺的基础上，还明确了茅台酒的工艺流程。他们的工匠理念和精神在之后的几十年里不断完善和传承，这是茅台文化本身的先进性，是在厚重底色之上的创新与创造。

茅台酒作为中国白酒的典范，在全国评酒会上连续五届都获得了"中国名酒"称号。1952年，第一届全国评酒会在北京举行，茅台酒毫无争议地被评为中国名酒。在这次评酒会上，评出的名酒有白酒四种，黄酒一种，葡萄酒、果露酒三种。茅台居于八大名酒的榜首。⊖

1959—1961年，三年困难时期，茅台产量、质量受到不小的影响。但就在1963年，国家轻工业部召开了第二届全国评酒会，当时对白酒的香型还没明确的认识，因此白酒的品评并未分香型。最后的结果由于评酒方法欠缺科学性，加上其他一些原因，导致包括茅台酒在内的一些不同香型的名酒都受到了影响，因此茅台未获得第一。

当时国家领导得知这一消息后，立即要求轻工业部部长把茅台此次评酒会上的样品带来，得知了当时的情况，对轻工业部部长说："茅台酒在哪里评下去，你们必须把它从哪里评起来！"于是，轻工业部重新对市场上的茅台进行抽样、审议，还调研了茅台酒质量下降的原因。

1964—1966年，轻工业部派出的茅台酒试点委员会进驻国营茅台酒厂，完成了两个生产周期的科学实验，验证并肯定了老酒师李兴发确定的三种香型的正确性。

⊖ 第一、二、三届全国评酒会结果[J]. 酿酒科技, 1980 (01).

李兴发将这三种酒的香型分别取名为酱香型、窖底香型和醇甜香型。茅台酒试点委员会经过实验再次确定了它的科学性，又按照不同比例，采用循环、任意、淘汰等方式进行了数百次的勾兑，最后建立起了一套规范的、标准化的勾兑工艺。这在茅台酒发展史上具有划时代的意义，茅台的勾兑从感性变为了理性，为茅台酒的规模化发展奠定了有力的基础。

1965年，刚进厂不久的季克良就被委以重任，在第一届全国名酒技术协作会上总结李兴发的经验，作了《我们是如何勾酒的》这一发言，回答了为何要勾兑及如何勾兑的问题，并提出了白酒应该按香型划分的观点。毋庸置疑，这是中国酿酒历史上的一个里程碑。

在这之后，各家白酒厂纷纷学习、效仿、提高。全国掀起了勾兑热潮，为1979年第三届全国评酒会正式确定五种香型奠定了基础。从此，全国评酒会才有了具体、科学的分类评选标准。

1979年，第三届全国评酒会依旧由轻工业部组织，为统一打分标准，本次评酒会统一了各种香型风格描述，分为酱香型、浓香型、清香型、米香型和其他香型共五种香型。

从第三到第五届全国评酒会，茅台都毫无意外地获得了中国名酒的称号，且均为第一顺位。

蝉联五届中国名酒，是历史选择了茅台的表现。建厂以后，茅台的工艺文化和品质文化逐渐稳定了下来，并进入自觉性文化阶段。茅台文化中的品质意识和为国争光的意识，推动着以厂为家和吃苦奋进的老一辈茅台人向前迈进。这个时候，茅台文化已经进入了自觉阶段，虽未形成体系，但茅台人心中的爱国理念为后来出现的"爱我茅台，为国争光"做了铺垫。

构建企业文化理念体系

如今走近茅台集团的大楼，我们依然能看到大楼顶上闪闪发光的八个大字——"爱我茅台，为国争光"，这是茅台自建厂以来就不断丰富的企业精神，是茅台企业文化的重中之重。

企业文化到底包括哪些要素，我们心中不禁会存有这个疑问。实际上，企业文化是以企业愿景、使命、价值观三要素为核心的理念体系，而茅台企业文化构建的作用则是凝聚茅台内部的各种力量，按照茅台希望的行为价值规范履行茅台的经营价值观念，追求茅台发展目标、使命和愿景的实现。

茅台企业文化的构建，经历了从自发到自觉的过程。1951年国营茅台酒厂建立以来，就逐渐萌发出了独特的企业文化。建厂初期，因艰苦创业需要，茅台提出了许多生产口号，以激励茅台员工奋进。"搞好生产，为民谋福，为国争光"和"提高质量，为祖国、为毛主席争光"，就是当时两句经典生产口号，具有浓重的时代痕迹。虽然在当时，茅台并未形成有体系的企业文化，但已经奠定了重要的企业理念基调。

20世纪80年代中期，国营茅台酒厂在发展中出现了一段

"插曲",促使"爱我茅台,为国争光"这一重要企业精神开始在茅台人中间传扬,逐渐入耳入心,从此,茅台进入了企业文化的自觉探索阶段。

改革开放后,市场经济引入中国,掀起下海经商的热潮。高质量白酒的盈利能力为世人所知,并且酒的财政利税高,当时流传着一句话"要当好县长,先办好酒厂",因此全国的酒厂数量不断增加。

1985年茅台镇周围地区出现了酿酒热,仁怀市内新建立100多家酒厂,光是茅台镇附近就出现了50多家小酒厂。周边新建的酒厂急需技术人才,茅台又是酿酒业中当之无愧的"黄埔军校",便有许多其他酒厂的老板来茅台挖人。茅台的一些员工经不住高薪诱惑,但又不想丢掉国企的铁饭碗,于是就"脚踏两只船",出现了两边兼职的情况,导致当年前两个季度的产量、质量比1984年同期下降了不少。

如何解决人心向外这一棘手问题?为了避免员工情绪的大幅度波动,稳定人心,激发员工的工作积极性和为茅台献力的自豪感,茅台提出了"我爱茅台,为国争光"这一企业口号,并开展了一系列思想教育活动。[一] 在思想教育中,强调了茅台员工"只有给茅台争光的义务,没有给茅台抹黑的权利"。企业口号在不断宣传、贯彻和执行的过程中,逐渐深入员工内心,唤

[一] 中共贵州茅台酒厂委会.联系世纪进行共同理想教育[N].贵州日报,1986-12-06(02).

醒了他们的爱国热情。1986年，茅台在完善各项经济责任制的基础上，全面推行吨酒工资包干责任制。同年，企业经济效益快速提升，年利润总额达871万元。

"我爱茅台，为国争光"这句企业口号后来随着发展，演化为"爱我茅台，为国争光"的企业精神，成为茅台企业文化的核心。茅台的企业文化经历了从自发探索到自觉建设的过程。

2003年，茅台企业文化理念体系形成，包括核心价值观、企业精神、经营理念、核心竞争力、企业愿景、质量观等20个方面的内容。

企业精神从"我爱茅台，为国争光"改为了"爱我茅台，为国争光"，这字序之差，是身份的变化，亦是立场的转变，是主人翁精神和以茅台为荣的高度责任感的体现，同时展现了为国家献力的良好精神风貌。"爱我茅台，为国争光"的核心还是爱岗敬业，是一代代工匠艰苦奋斗、取得卓越成效的精神源泉。

"爱我茅台，为国争光"的企业精神，既彰显着具有中国特色的普遍的现代企业意识，又展示了茅台百年辉煌所积淀的独特的企业个性。两者巧妙融合，为企业克服发展困难、应对竞争挑战提供了强大的精神支撑和动力源泉，也代表着茅台人彼此理解、产生共鸣的一种内心态度、价值取向、思想境界和理想追求。

季克良认为："企业精神是企业崛起的支撑。没有'爱我茅台，为国争光'的企业精神的支撑，国酒茅台不可能拥有那么

巨大的创造力和发展力。"

在2003年形成的整个企业文化理念体系中，企业使命是"弘扬国酒文化，追求创新卓越"；核心价值观是"以人为本，以质求存，恪守诚信，继承创新"；企业愿景则是"享誉全球"，要以"容天下人，卖天下酒"的包容和大度，做世界上最好的蒸馏酒，在全球同行业中具有一流品牌、效益和管理水平，在规模、效益和影响力等综合实力上跻身全球一流企业集团之列。

时间来到了2008年，这是茅台历史上的关键之年。在这一年，茅台酒出厂价超越五粮液，位居行业第一。在行业中，定价权就意味着话语权。谁取得定价权，谁就拥有能左右行业的影响力权重。2009—2012年，茅台进行了三次提价，进一步拉开了与五粮液的差距。这是一个里程碑事件，标志着茅台迎来新的发展阶段，企业文化理念体系也需应时而变。

新版的茅台企业文化理念体系在2011年推出，分为了集团企业文化理念和股份企业文化理念。股份企业使命被定为"酿造高品位的生活"。在不同的发展阶段，有不同的使命，随着居民生活水平的提高，越来越多的人开始追求高品位生活和梦想的实现，茅台的新使命便由此而来。

企业精神仍旧是不变的"爱我茅台，为国争光"，这一精神深深刻入了茅台人的骨髓。核心竞争力中有文化的一席之地，其余四个要素是品质、品牌、工艺、环境，这是茅台之所以成为茅台的支点。"崇本守道，坚守工艺，贮足陈酿，不卖新酒"的十六字质量理念深入员工心中，他们也一直用这一理念来指导实践。

随着茅台多年来龙头地位的巩固和强化，触角不断伸向国外市场，前一版本的企业文化理念体系已经无法适应茅台如今的发展状况。所以企业文化理念体系的每一次优化升级，并不是对过去的体系全盘否定，而是扬弃。2019年，茅台进行了大量的调研，走访了各层面的员工，剖析茅台当时的状况和企业文化。

2021年优化升级版的企业文化理念体系削冗去繁，深入人心，更能体现企业文化理念体系出现的初衷。首先，茅台集团与股份公司的使命都被定为"酿造高品位的生活"，深刻契合了高质量发展这一时代主题。其次，新的企业愿景被调整为"打造一流企业，塑造世界一流品牌"。茅台集团营收达到千亿元之后，"受人尊重的世界级企业"之类的目标已经获得了实现，优之后是更优，于是愿景有所更新。但是核心价值观和企业精神仍旧未变。总体而言，新一版的企业文化理念体系删繁就简，其中一些理念具有普遍性，为集团和股份公司所共同适用。

茅台的企业文化几经更迭，让人不禁思考，什么样的企业文化理念更适合茅台？众所周知，企业文化的设定是为了适应人的需求。只要有人，就会出现文化；只要有组织的形成，那就有组织文化，在企业里就表现为企业文化。在之前的三版企业文化理念体系中，较为明显地深入大部分员工内心的是企业

精神和质量理念,即"爱我茅台,为国争光"和"崇本守道,坚守工艺,贮足陈酿,不卖新酒",这两点实际上是最为重要的企业文化理念,强调了爱岗、爱国、坚持高质量的重要性。所以说,能够引起共鸣的企业文化,就是适合茅台的企业文化。

在企业文化理念体系中突出茅台的特殊性、专属性,通过挖掘、提炼、升华,用鲜明精简、朗朗上口、接地气的文化理念来直击员工内心,这样更能印在员工的心中。

茅台人通过对茅台传统精神和历史文化的挖掘和提炼,发挥文化因素在生产经营中的能动作用,用科学发展观统领企业文化建设,用战略的思维、世界的眼光深刻认识当代企业文化建设的重大意义。

牢牢把握企业先进文化的前进方向,全力加强企业文化建设,不断推动企业文化理念体系升级,提升企业文化软实力,使茅台集团在激烈的市场竞争中始终立于不败之地,整个企业文化理念体系必须与时俱进、迭代升级,这代表着茅台从一个传统型企业向管理现代化的国际化企业转变的坚定决心。

从名酒到国酒

1975年,在全国食品工作会议上,时任国务院副总理王震发表的一个观点,对茅台产生了深远的影响。在那次全国性的会议上，王震明确指出："茅台酒是国酒。"○这一论断，虽然只是以口头形式呈现，但是确立了茅台酒的国酒定位。

茅台是中国民族工商业率先走向世界的杰出代表，其卓尔不群的发展轨迹，为茅台增强了天然的品牌背书优势。自1915年荣获巴拿马万国博览会金奖以后，茅台酒就与白兰地、威士忌并称"世界三大蒸馏名酒"，跻身世界名酒之林。在岁月的长河中，茅台品牌历久弥新，长盛不衰。

茅台酒还是源远流长的华夏文明物化了的一种承载符号。茅台酒的工艺是中国白酒工艺的"活化石"，从茅台酒中，可以品尝到中国历史的悠远绵长和农耕文明的和谐质朴。茅台酒是当之无愧的传统民族精品，荣获"国家名片"称号，也是实至名归。

茅台酒资源沉淀的关键，是历史选择了茅台。中华人民共和国成立后的半个多世纪以来，茅台酒在我国许多重大历史事件中都扮演了见证者的角色。茅台与中华人民共和国的发展同行、同向。从新中国成立初期的一穷二白，到改革开放的经济转型，再到追求民族复兴的伟大中国梦，茅台见证了一个个划时代的历史事件，见证了中国发展的历史进程。茅台的发展，是中国经济发展的缩影。国运的兴旺与茅台的兴旺是源与流的关系。

○ 中国贵州茅台酒厂有限责任公司.中国贵州茅台酒厂有限责任公司志.[M].北京：方志出版社.

基于丰富的历史文化资源，20世纪90年代末、21世纪初，茅台开始主动向外界宣传茅台酒"国酒"的称号。

1999年，茅台携50年年份酒进京贺中华人民共和国成立50周年，并在中国历史博物馆举行"国酒与共和国的世纪情"文献图片展首展，此后赴全国巡展，引起轰动。

2001年，茅台推出了一组系列文章《国酒对您说》，从茅台酒的品质、不可复制性及外交历史见证者等角度进行了系统梳理，引起了外界的高度关注，也为消费者树立了"茅台酒是国酒"的第一印象。

围绕国酒宣传，茅台还开展了许多活动。比如"国酒敬国魂"，就是茅台参与的在人民英雄纪念碑开展的纪念活动。通过捐赠活动，茅台也不断树立国酒的形象。例如，茅台为天安门金水桥打造底座和护栏，并在护栏底座镌刻"国酒茅台"，以及向中国国家博物馆捐赠茅台十大青铜酒器，这些活动进一步巩固了茅台在消费者心中的"国酒"地位。

从2002年开始，连续十余年时间，茅台都在央视《新闻联播》投放"国酒茅台，为您报时"的广告，因此让"国酒"之名家喻户晓、耳熟能详。除了活动和品牌露出，茅台集团还多管齐下，传播"国酒茅台，酿造高品位的生活""国酒茅台，喝出健康来"等广告语。

从2001年9月一直到2018年8月，连续17年，茅台都在向商标局持续不断地申请注册"国酒茅台"商标。虽然"国酒茅台"商标最后并未成功注册，但通过17年持续不断地商标注册和深入的文化宣传，茅台"国酒"的形象早已经深入人心。事实上，茅台通过不断注册"国酒茅台"商标，彰显了其商标使用的"在先权利"，使国酒商标一直处于"权利待定"的状态，在等待正式确立期间一直用于品牌宣传，是非常重要的品牌打法和宣传策略。

通过近20年的深入传播，茅台成功将"国酒茅台"的形象根植在了消费者的脑海中。所以对消费者而言，茅台酒虽然没有通过"国酒茅台"商标注册，但茅台的地位，仍然是不可取代的中国好酒。一提起"国酒"，就会想到茅台；一看到茅台，就会想起"国酒"，这体现出茅台品牌及产品在市场和消费者心中的认可度之高。

在消费者心中，茅台酒不管有没有带"国酒"二字的商标，都是当之无愧的国事之酒、功勋之酒、外交之酒、友谊之酒、英雄之酒、胜利之酒。历史对茅台的选择，促成了消费者选择茅台。无形中，这便在茅台和其他名优酒之间划出了一道不可逾越的"品牌价值区隔"。

健康酒和文化牌

中国古人说："酒，百药之长。"以酒引药，能让药发挥出效用。事实上，"酒以治疾"，酒在当时的医疗中有重要作用，古人酿酒的目的之一就是作药用。所以古人用酒养生，有其科学性。

经过历代的传承与演进，酒在药用方面的价值虽然逐渐隐去，但其养生的记忆还镌刻在工艺当中。

传统的酿造工艺里，还印刻着古人保健的基因和意识。茅台为中国白酒酿造工艺的"活化石"，保留着古人最深刻的有关智慧。茅台对于"健康酒"理念的挖掘，始于1993年左右，彼时，季克良在论文中提出了"茅台酒是健康酒"的观点。

"茅台酒是健康酒"这一理念，有许多可以支撑的依据。首先，茅台酒是放心酒。从生产工艺来讲，茅台酒采用开放式固态发酵，并且整个发酵过程完全由自然环境中的天然微生物参与，没有任何非自身发酵之外的添加剂。香型和风味的产生，完全靠自然和时间去实现，不做任何人为的增加。酒的勾调也完全以酒勾酒，原酒相勾。

此外，因为茅台酒独特的高温蒸馏接酒工艺，接酒温度超过40℃，能有效排除杂质，挥发部分硫化物和其他刺激性的低沸点物质，保留了不易挥发、相对比较丰富的高沸点香味物质。在三年以上的陈酿过程中，茅台酒自身的氧化还原和酯化等化学变化，也可以使醛类、硫化物等各类有害物质在自然老熟中消除。

时间的打磨，不但祛除了新酒的青涩气味，还使得乙醛缩合，辛辣味减少，让酒体变得更加柔和、绵软。所以饮用茅台酒对人体刺激小，不上头，不辣喉，不"烧"心，与一般白酒口感辛辣刺激，饮后有灼烧感的情况完全不同。

健康酒理念，有严谨工艺的加持，还有科学数据的支撑。检测分析实证，茅台酒中含有230多种微量元素，其中所含有的对人体健康有益的酸类、酚类等物质，是其他白酒的3～4倍。并且茅台酒中还含有蛋白质、18种氨基酸、多种维生素，以及具有抗肿瘤活性的天然酱油酮和具有改善胃肠功能的苯并呋喃等药物成分。因此适量饮用茅台酒，非但不会伤身，还对健康有益。

1999年年底，茅台酒成为中国第一个获得国家绿色食品称号的白酒。2001年，茅台酒被原国家环保总局认证为有机食品。2021年，贵州茅台酒入选我国第一批获得欧盟认可的100个知名地理标志。茅台酒健康酒理念的传播，契合了消费者对生活健康的重视，契合了消费观念的升级。茅台成为中国"健康型白酒"的代名词，为行业尤其是酱酒行业，树立了一面可参照的旗帜。

健康酒理念是茅台文化塑造的一个大节点。另一个更为深刻的转折性事件，是20世纪90年代末期，茅台集中开打"文化牌"，开启从卖酒到卖文化的转变，在行业中走出了一条独具特色的转型发展之路。

文化的能量是无穷的。茅台利用深厚文化资源的禀赋，进行了一系列持续的挖掘和打造，释放文化的力量。比如，富有茅台特色的生肖酒、年份酒、陈年酒、定制酒等，就是茅台以文化为基底推出的创新产品。

一方面，文化内涵的释放，提升了产品附加值；另一方面，文化经营战略，也向外传递了茅台文化的影响力，两者相得益彰。从卖酒转向卖文化，可以说是茅台成功的一个关键节点。茅台顺应时代，抓住文化赋能的机会，引领了白酒行业。

茅台实现从卖酒到卖文化的转变，最重要的策略就是借力。茅台虽身在河谷，但是对于外界却保持着敏锐的觉察，不论是国家重大事件，还是全民关注的历史性时刻，茅台都积极参与其中，利用重大事件的影响力，扩大自身的影响力。比如参与申奥成功、"神舟五号"升空等重大文化事件的经典运作案例，都使得茅台品牌更加深入人心，大大加快了茅台酒市场拓展的步伐。

随着文化赋能操作水平的提升，茅台文化的传播也渐趋软性和柔和。2015年，茅台集团在莫斯科、米兰、旧金山及中国各地区（包括中国香港）举办的"金奖百年"纪念系列活动，再度宣传茅台获得巴拿马万国博览会金奖这一关键的历史事件。到旧金山举办纪念活动时，旧金山市政府将11月12日定为该市的"茅台日"，体现了茅台酒的文化魅力和中国酒文化的凝聚力。

中国是一个有酒文化基础的国度，所以茅台从卖酒到卖文化的打法才能得到强烈的市场反应。中国人喜欢喝酒，古往今来，饮酒的名士有很多。李杜诗篇，多与酒有关；三国水浒，也离不了酒的篇章。但是茅台与文化的联结，并没有停留在对中国历史的留恋，而是与当下国家命运，与当代中国人的命运切实结合在了一起，如巴拿马万国博览会、外交风云、重大国际国内活动等。

茅台对于文化的传播是深入的，是久久为功的。文化本身就是经年累月才形成的果实，茅台对于文化的挖掘，也是持续不断的。特别是茅台文化的故事化，拓宽了茅台文化的传播范围，也扩大了茅台酒的影响力。实际上，茅台文化之所以能有那么高的国民度，关键在于文化的联结——茅台不仅仅是一瓶酒，还是中国酒文化的典型代表，是中国人性格的映照。这便是茅台文化牌打成功的关键所在。

消费升级阶段的文化升级

千亿元营收茅台的文化之变

消费观念的跨越式升级,是中国经济近年来最深刻的变化之一。消费者在选择产品时,已经逐渐脱离了物质层面的基本需求,转而愿意为产品附带的体验、氛围、品牌等美好需求买单。

这些美好需求的核心支撑,其实就是文化。新的消费时代来临,社会的文化肌理也发生了变化。消费者购买产品,不单单是为了追求产品本身的功能、品质价值,更为了追求产品的附加值,比如产品所带来的精神上的满足。

在消费升级这一阶段,传统不断被打破,创新层出不穷,文化成为产品和企业价值增长的新空间。茅台为适应新的时代需求,也进行了文化观念的迭代升级。2018年,基于深厚文化底蕴和现实需要,茅台提出了建设"文化茅台"的初步设想,开始从茅台文化转向文化茅台。

从茅台文化到文化茅台,"文化"的顺序之变,标志着茅台文化进入了聚合与质变的崭新发展阶段——战略阶段。"文化茅台",是文化在前,说明文化已经成为引领茅台发展的真正力量,上升到了企业发展的战略高度。这种清晰的定位,体现了茅台文化的作用:不是辅助,而是前锋。

在消费升级的新阶段,文化已然升级为茅台发展的新引擎。特别是2019年后,茅台营收破千亿元,在后千亿元茅台时代,文化成为当之无愧的主战场。

文化茅台与茅台文化,有本质的区别,但同时又有紧密的联系。

区别在于,前者属于从消费者外部视角出发,后者则聚焦于企业内部。因为就对象看,文化茅台建设主要作用于广大消费者,是以茅台的文化价值观念和人文精神去感召和影响消费者,与消费者进行心灵沟通。而茅台文化建设的作用主要是凝聚企业内部的各种力量,使企业内部按照企业的理念和期望,逐步实现发展目标、使命和愿景。

联系在于,文化茅台是茅台文化的升华,茅台文化则是文化茅台建设的基础。"文化"从后到前的战略升级,体现了茅台要把"茅台"建设成为中国文化标志性符号的理想和决心。

文化茅台的建设,凸显出中国厚重传统文化的积淀带给企业巨大的韧性和发展空间。借助于中国传统文化,茅台不再单薄,而是找到了文化归属,形成文化自信和自我身份认可。

世界上的多数物质资源终将枯竭，而文化资源可以生生不息。文化茅台的能量被释放后，为茅台增加了极大的凝聚力，它对内可以优化企业人格和气质，对外则能推动茅台向全球价值链高端迈进。内外同进，文化成为引领企业前行的关键力量。

茅台是一个独具魅力的民族品牌。作为中华文明的一种液态符号，文化茅台不仅包含自身所具有的若干精神要素，而且承载着中华民族追求卓越、传承匠心、爱好和平等价值追求。

文化茅台的战略升级，体现出茅台文化超越壁垒、跨越时空，为国家富强、民族复兴继续贡献茅台力量的雄心壮志。这是一个杰出民族品牌的定位和担当，是茅台将企业文化提升至民族高度的具体表现。

茅台不仅有想法，还有行动。近年来，茅台已就建设文化茅台开展了相关工作，比如举办"茅粉节"，修建茅台文化体验馆等。经过建设，茅台已培育出大批"茅粉"，对于茅台文化的宣传也迈上了新的台阶。对于面向海外的品牌文化传播，茅台也有一系列举措。比如，在面向海外时，茅台将标语定为："让世界爱上茅台，让茅台飘香世界"。跟随"一带一路"，茅台也与沿线国家进行了友好的文化交流。

"十四五"开官之年，茅台提出要构建品质茅台、绿色茅台、活力茅台、文化茅台、阳光茅台的"五星茅台"，并将"五星茅台"作为推动茅台高质量发展的具体抓手，以牢牢把握白酒发展的时代机遇。

"五星茅台"中的"文化茅台",亦是一次深层次的文化升级。它主要是指茅台围绕新的文化建设,聚焦茅台文化内核,深度挖掘文化价值,丰富文化内涵,提升品牌的竞争力和影响力。

文化茅台作为千亿茅台时代的文化之变,不仅开拓了看不见、无边界的战场,还为建立中国民族品牌树立了榜样和信心——中国品牌可以走出去,传播博大精深的中国文化。从想法到行动,茅台文化在消费升级阶段的升级,是一次眼界的升级,一场意识的转变,更是一轮思想上的大换血。

高质量发展时代下的文化迭代

消费升级引领的高质量发展已经成为中国未来五年,甚至更长时间的经济社会发展主题。从大时空观看,高质量发展不只是对经济发展的要求,更是对社会、文化、生态等方方面面发展的总要求。尤其是文化的发展,更是高质量发展旋律中的重要音符。

中国特色社会主义进入新时代,我国社会主要矛盾已经转化为人民日益增长的美好生活需要和不平衡不充分的发展之间的矛盾。文化是满足人民日益增长的美好生活需要的重要因素,也是推动高质量发展的重要支点。

高质量发展时代,更需要文化的深层次迭代。茅台文化作

为中国文化的传承者，切实把握住了时代之脉，在新时代立足现状、谋求跨越，及时进行了文化的又一次升级。

2021年，茅台制定的"五线发展道路"战略谋划，就高度契合了高质量发展的时代精神。"五线发展道路"，即用蓝、绿、白、紫、红五条线，勾勒出了茅台在新时代稳健前行的路径。

蓝线发展，指按目标愿景和蓝图规划大踏步前进。绿线发展，指坚定不移走生态优先的绿色发展道路。白线发展，指保持归零心态，在新的白纸上做出新文章，不断进行创新变革。红线发展，指对茅台而言，环保和安全是两条不可触及的红线。

蓝、绿、白、红，分别代表新时代茅台在战略目标、绿色发展、创新变革和风险防范四个方向的深入规划。

而紫线发展，则是指茅台对于文化赋能的思考和布局。在高质量发展过程中，文化被提到了更重要的位置，茅台将充分挖掘文化内涵，做好文化赋能，充分利用茅台文化影响力、凝聚力和感召力的"软核"作用，最大程度地发挥文化聚能的"硬核"作用。

在"五线发展道路"规划中，文化所代表的紫线发展，是一个需要重点布局的板块。

其实，紫线本身就是一个规划建设术语，指的是历史文化街区、历史建筑保护范围界线。

而茅台文化根植于数千年的白酒发展史中，从远古时期的美酒雏形，到西汉时的枸酱，再到唐宋茅台一带出现蒸馏酒，以及明清时期茅台酒与经济、文学艺术的融合等历史，茅台积累了深厚的历史底蕴，这些都是它的文化资源。因此，用紫线指代茅台文化，十分妥当贴切。

紫线发展将茅台的历史文化资源重新整合、聚拢，挖掘出新的能量，并提出要从"人""文""物""艺""礼""节""和""史""器"共九个系列着手，实现对茅台文化多角度、全方位的挖掘和阐释，丰富茅台文化的内涵并拓展其外延，达到把中国酒文化发挥到极致的目标。

"九个系列"的文化升级，比以往的文化打造更加细致全面，并且放大了酒礼、酒器等民俗文化内容，丰富了茅台对外传播的内容。

更为重要的是，茅台提出要把中国酒文化发挥到极致，这是对茅台文化的再一次升级。

数千年来，茅台镇的酿造文化没有中断，一直在传承中进化和演变。茅台酒作为中国酒文化的缩影，也能以把中国酒文化发挥到极致为目标。

随着时间的积累，茅台文化的生长面越来越宽广。用文化赋能茅台高质量发展，不只停留在理论建设层面，更深入到了实践方法层面。

在消费升级的新时代，面对消费者生活方式和消费行为习

惯的转变，茅台着力在产品开发中融入文化元素，不断打造文化产品、明星产品；更借力文创、文旅热潮，推广茅台文化并优化茅台形象。同时，茅台还以历史文化街区打造、文化体验馆建设等为切入口，在全国范围内打造了一批文化展示店、品牌形象店和客户服务店等，以此作为展示茅台文化的窗口，更好地讲述茅台故事。

新时代，茅台把握住了从高速增长转向高质量发展的新趋势，用文化赋能提升品牌效益，争做文化升级主力军。通过不断丰富文化内涵并拓展文化外延，不断具象文化印象，茅台文化欣欣向荣。

从数千年前，濮人开始酿第一滴美酒开始，茅台文化一路走来，从源发萌芽到生长演变，呈现出越来越丰富多元的状态，展现出博大的茅台气象。

钱穆先生曾说："历史事变，如水流之波浪，此起彼伏，但仅浮现在水流之上层。而文化大传统则自有一定趋向，这是大流之本身。"

茅台文化的大流之本身便是茅台人，所以茅台文化表层不论如何演变，果实如何生长，总有其不变的内核，这就是不断向上的旺盛生命力。因为每一代茅台人，都有每一代的追求和使命，他们在时代中创造，在时代中传递，为茅台文化这栋千年建筑不断添砖加瓦。

03

文化力
护城河

茅台之所以能够形成宽阔的文化力护城河，原因就在于茅台文化形成了难以比拟的强文化表述。道格拉斯·霍尔特和道格拉斯·卡梅隆在其著作《文化战略》中写道：文化表述，由理念、神话和文化符码三个部分组成（见图3-1）。理念，是指社会中一部分人所拥有的意见或信仰体系；神话，指那些可以揭示、解释和传授一种理念的故事；文化符码，则指人们在社会环境中辨认和理解事物时所使用的可辨识元素和形象。

茅台文化的强大之处，在于它正好契合了文化表述的学理模型，在理念、神话、文化符码三个方面都找到最适宜的表达，因此给受众带来了极强的能量和感染力。

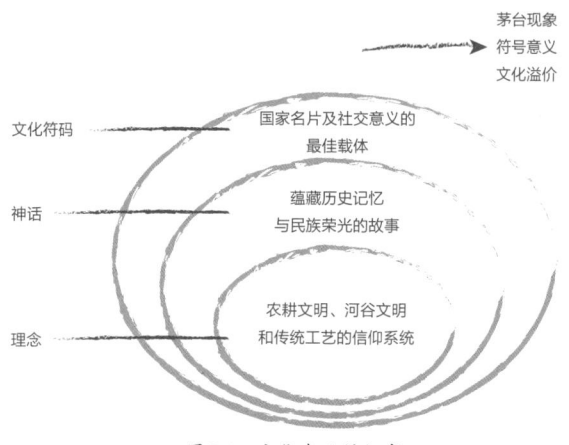

图3-1 文化表述的组成

文明与信仰

农耕文明的信仰

《时间地图》一书中写道:"农耕文明时代在人类历史的叙事中占有主要地位。"中国是农耕历史悠久的大国,在五千年文明中,农耕文明的历史叙事占据了近八成的篇幅。中国人的主体性格坚韧、质朴、温和等,都与脚下的这片土地息息相关。无农不稳,农耕文明古老而悠久,渗透到了中国社会的许多方面。中华的农耕文明,是我国人民的一种信仰,是中国社会基本认同的理念。

中国白酒的酿造,起源于传统农耕文明,与中国农业地域特征息息相关,蕴含了极其丰富的传统人文内涵。

茅台酒是传统农耕文明的延续。茅台酒的生产讲究顺应二十四节气,端午踩曲,重阳下沙,跟随时节进行作业,这是典型的农耕社会生产方式。一直以来,茅台都在坚守传统工

艺，实际是在坚守农耕文明的生产特征，坚守老祖宗传下来的酿造智慧。

农耕文明追求人与自然和谐统一。而茅台顺天敬人，追求道法自然的酿造精髓，亦与农耕文明一脉相承。农耕文明的显著特征是"靠天吃饭，量地求财"，农民对自然环境的依赖极大。茅台酒的酿造也是如此。

对茅台人来说，所要依靠的"天"，是自然的季节、气候；所要量求的"地"，是脚下独特的自然环境和生态。茅台人对于"天"和"地"的珍视和农耕文明中农民对于自然的敬畏无差。

顺天道，尽人事。一代一代的酿造宗师经过教导和传承，将自然的密码通过对节令的遵从注入到了每一瓶茅台酒中，使得茅台酒的酿造工艺成为顺应自然地理环境的产物。这种与天、与地、与人的和谐，闪耀着中国传统文化"天人合一"的思想光泽。

茅台镇自古就有"年年九月九，下河挑水酿新酒"的说法。从原料的选择开始，茅台酒中就蕴藏着深切的农耕记忆。酒在古代，是农业的副产品——地里的粮食成熟了，才有碗里的酒。所以茅台酒的酿造周期，必须契合茅台酒的主要原料——水、小麦、高粱——在自然气候中逐渐丰满、成然的生长周期。

特别是重阳节前后，赤水河汛期过去，河水转浊为清，透可见底，水质极宜酿造美酒。而在赤水河变清以后，茅台河谷地上的高粱成熟，为茅台酒酿造的第一次投料提供原料。一个月后，茅台山岗上的高粱成熟，又正好用于第二次投料。

早熟的早投，晚熟的晚投——茅台酒一个酿造周期内两次投料的时间差，正好对应着河谷与山冈上高粱成熟的时间，体现了农耕时期先民顺从自然规律生产。"重阳下沙芳满缸，重阳酿酒香满江。"从这句民谚中，也可以看见古人农事和自然规律的契合。

和重阳下沙一样，端午踩曲，也是人们顺从节令生产的现象。制曲的原料小麦，在端午以前才会成熟，所以在小麦收割好后，正好可以在端午踩曲。一切看似神奇的安排，其实都是古人经验和智慧的反映。

从茅台酒的酿造工艺中，更能看到农耕文明的"遗迹"。比如在堆曲时，讲究曲块横三竖三，源于夏商时期的码砖原理。码砖讲究安全为先，全竖或全横，容易倒和乱，但是横竖相交，就能保证砖块的稳固。堆曲汲取了这一传统操作，使曲块堆积既稳固，又有良好的透气性，便于曲块溶氧发酵。在堆曲过程中，还要用稻草不断隔开曲块，一来是避免曲块之间互相粘连，二来是让曲块吸收稻草的天然香味。用天然培养天然，这都是农耕文明的智慧。

茅台酒在下沙时，高粱破碎比为1∶9，即破碎高粱占投料的10%，而颗粒完整的高粱占投料的90%。下沙时整颗高粱占比高，也是从农耕文明中沿袭下来的习惯——古代生产水平落

后，粉碎粮食所需的人力、物力、畜力不足，导致高粱的破碎度较低，工艺精细程度低。

而在七次取酒时，不同轮次酒的"性格"和"品格"都不同，有的轮次"温和"，有的轮次"生涩"，有的轮次"老成"。把七种参差有别的酒勾兑到一起，自然而然地会产生丰满、细腻、醇厚的口感，这与工业生产一开始就追求的精细化、标准化和规模化有着本质的差别。

与其他符合工业社会生产特征的企业不同，茅台在一定程度上仍然保持着农业生产的特征。两次投料、九次蒸煮、八次摊晾、七次取酒，茅台酒的工艺特征是循环往复的，只有农业社会悠长才会产生这样的工艺，不疾不徐，有闲有忙。

农耕文明的一大特点，是以家庭生产为单位，将农业与家庭手工业相结合。茅台采用师徒传承制，延续传统的大家庭式分工协作，是农耕文明记忆的再现。以厂为家的归属感使得茅台人对于酒的酿造充满感情，因此酿酒这门古老而朴实的手艺，到今天依然饱含着浓浓的人情味。

"草木未落，斤斧不入山林。"农耕文明的另一大特点，是顺应自然，物尽其用。古人深谙"可持续发展"的思想，他们会根据季节和生产生活需要进行木材砍伐和鱼类捕捞，不会为求一时之快，就杀鸡取卵，竭泽而渔。

古人也很重视生态平衡。由于生产资料匮乏，在农业社会，任何有循环利用价值的事物都不会被浪费。比如古人会将秸秆取回作为燃料,生火煮饭,待烧成灰后,又用来给土地施肥。而稻草,则能用于堆曲发酵,让曲块更香。堆曲后收回的稻草既可喂牲口,又能做燃料,还有一部分会作为各用老稻草,在下一次堆曲发酵时使用。

直到今天,茅台还保留着这些历代传承的农耕文明的痕迹和特征。这是传统,是茅台酒酿成的基础和核心。

茅台人对于农耕文明的信仰,近乎执着。每年重阳节,茅台镇都会庆祝一年一度的重阳祭酒节。节上会举行盛大的传统祭祀仪式,这代表着茅台人的精神信仰。在祭奠历代祖师宗师、祈求酿酒顺利的日子里,每一个人都很庄重严肃。即便是资历最老的酒师,也无法保证年年都能酿出好酒,因为天气、风、空气还有微生物,都是捉摸不定的因素。

"思我茅台,震古烁今;香誉千载,一脉永承。其源也远,其技也精;其香也美,其位也尊……"在雄壮激昂的酒节祭文中,茅台人怀着农耕时期古人祈求来年风调雨顺一样的虔诚,表达对大自然的感怀和尊重,以及对历代祖师、宗师丰功伟绩的崇敬。茅台人会循着祖先的路径,坚守传统工艺,年复一年。重阳祭酒节结束后,新一年美酒的酿造,就正式开始了。

河谷文明的回响

河流是人类文明的摇篮,世界上古老的农耕文明大多诞生

于大河的冲积平原，河谷文明和农耕文明都是茅台信仰体系的一部分，皆为文化表述最内层的必要因素。

河流为文明之源头。在中国的版图中纵横交错着数万条大小河流，有的大如动脉，有的细如毛细血管，河水不断奔涌，滋养着中华民族的万事万物。长江与黄河，是中华民族的两条母亲河，它们在南北呼应间，为华夏文明的枝繁叶茂提供了养料。注入长江和黄河的各级支流，在蜿蜒之中，也都孕育了别具一格的地域文明。比如古老神秘的赤水河，就孕育了蜿蜒河谷中的酒香。

赤水河发源于乌蒙山北麓，蜿蜒盘曲，在历史上就名满天下。赤水河流域很早就有古人类生存的痕迹。秦汉时期，赤水河因其流域为南夷君长之一的鳛部治邑而被称为"鳛部水"。汉朝时期，改称为"大涉水"。班固《汉书·地理志》记载："又有大涉水，北至符（今四川合江）入江，过郡三，行八百里四十里。"晋朝又改称"安乐水"，出现在北魏郦道元《水经注》中。

在唐朝天宝十年（751年），唐军统帅鲜于仲通征南诏的战争檄文中第一次出现"赤虺河"的名称。唐朝骆宾王《兵部奏姚州破贼设蒙俭等露布》也有"河沦赤虺，川多风雨之妖"的记载。"赤"者，"流卷泥沙，每遭雨涨，水色浑赤，河以之名也"；"虺"，指一种毒蛇，意即浑赤的河水像一条毒蛇蜿蜒出没。明洪武十五年（1382年），在今四川叙永置赤水卫，改"赤虺"为"赤水"，"赤水河"一名正式出现。

赤水河（见图3-2）是塑造茅台镇典型侵蚀低山河谷地貌的主导力量。河流一路奔腾侵蚀，流至仁怀市城区西北部13公里处，水系东西两岸横岭绵延，形成独特的河谷地貌，为茅台镇一带悠久的酿酒历史打下了基础。

赤水河周围的大娄山海拔大多在1000米以上，但在茅台河谷一带，海拔直杀数百米，茅台镇就位于大娄山脉低洼地带的马鞍山斜坡上，海拔约400米，四周群山环峙，如波如涛。因为地处地势低矮的河谷，茅台镇内形成了特殊的小气候，冬暖夏热，少雨水，风小湿润，非常适宜酿酒微生物的聚集和繁衍。

图3-2 七月的赤水河

环境造就了文化的特殊属性，较远的像几千年前的两河流域，农耕文明发达；近期的如现代化的长江三角洲，外向的地形造就了这一地区发达的经济。茅台处于河谷里，河与谷，水与山，给茅台创造了一个绝佳的天然酿造环境，也奠定了茅台河谷开放而非闭塞的地理气质。

赤水河上可通乌蒙深处，下可连巴蜀腹地，因为其独特的地理位置，赤水河自古就是民族迁徙与人口流通的大通道。这条通道，在不同时期，还代指着官道、兵道、商道等。茅台镇位于赤水河的水运要道，河水通达四方，形成了古代茅台村开放的通商环境。

有水运就会有人来人往。来自各地的人汇聚于此，茅台人的视野就不会狭窄和封闭，不会局限于一域一地。在古代，河流的枢纽作用相当于今天的海洋。古代的茅台村沿河而设，具有重要的人流、物流"中转站"属性。

河谷里的居民能了解到大千世界的种种变化，形成了胸怀天下的大格局。

河水滋养了茅台人性格中的开阔包容，而河水周围拔立的群山，又造就了茅台人性格中的坚韧不拔。一方水土养一方人，河与山，构成了茅台人性格的骨架。

山并不全是坏事情，水也并不全是好事情。河水通达，但也有险滩暗礁；群山环绕，但也有可攀之路径。茅台先民要走出河谷，自然而然地就磨砺出了能够跋山涉水的开拓精神。

"血性"是河谷居民性格中的徽章。为了完成一件事情，他们可以拼尽身家性命。历史上有一例，足以证明赤水河河谷先民的"血性"。吴公岩是整个赤水河中最险峻的一个河段。乾隆八年（1743 年），为疏通赤水河，贵州总督张广泗命各河段的主管官员对河道进行调查。仁怀县渡夫吴登举闻讯，赶到府衙献开河之策，主动请缨疏通最险峻的吴公岩河段。谈到开河成败时，吴登举立誓必成，如果工程失利，一家兄弟子侄18人"一并连坐"，并立血书为证。[一]

这就是赤水河谷居民的血性和韧劲。中国人的伟大之处，在于能在最险峻、最贫瘠之处开创奇迹。茅台人的精神反映出中国人的精神。为了从河谷走出去，茅台人自古就锻炼出了涉险滩、闯难关的精神。他们骨子里的坚韧不拔使得他们勇立潮头、开创新局。

对茅台人来说，山是难关，但群山同样赋予了他们务实、勤劳的良好品格，塑造了其淳朴、韧劲的性格底色。"地无三尺平"，生存环境的艰苦和生活条件的恶劣，让茅台人养成了吃苦耐劳、敢打硬仗、勤劳淳朴的性格特点。茅台人的性格，是贵州人性格的缩影。在独特地域文化中成长起来的人，有着独特的文化性格。

茅台声影短片《河谷文化》中提到，赤水河昼夜流淌不息，千万年间穿梭于群山之间，纳众美于一身，构成了一种兼容海纳、喷薄催新的遗存特质。围绕它生长出的人文历史和演绎出的河谷文明，是代表中华民族繁衍生息、拓土生存的文化范本，在河谷内外，生生不息。茅台人生于斯，长于斯，也创造于斯，他们既为河谷文明的昨天所塑造，也塑造着河谷文明

[一] 中国贵州茅台酒厂有限责任公司.中国贵州茅台酒厂有限责任公司志. [M].北京：方志出版社.

的明天。

坚守传统工艺

千百年来，从农耕文明中和河谷文明中走来的茅台人，将他们朴素沉稳踏实的性格全都注入了茅台酒。茅台酒工艺是白酒工艺的"活化石"，也是传统手工酿造的代表。人在工艺传承中起着不可替代的作用。

茅台的核心工艺一直坚持传统手工操作，坚守农耕文明，与工业和机器保持着距离，这是茅台文化找到的又一关键信仰。

每一项传统的手工艺，都凝聚着一代又一代传承者的心血。陶瓷、雕刻、制伞，概莫如是。茅台酒的酿造，也是如此。历代茅台人对于传统工艺的守正，造就了今天茅台坚实的品质和可靠的品牌。

作为国家级非物质文化遗产，茅台酒的酿造工艺中蕴藏着时间的深度和传统的广度。每一位茅台酿造工艺的传承者，都是传统的学徒。他们从骨子里信仰农耕文明的朴素智慧，信仰茅台酒是自然的馈赠、祖先的遗产。他们保留着老祖宗传下来的经验和习惯，日复一日，月复一月，年复一年。在传统工艺失落的今天，茅台仍然守住了一方古老和安宁。

围绕匠心和匠魄，茅台向外界持续地传递着独特的工匠价值，恒定了传统工艺的温度。茅台酒的酿造，是工匠参与的一种奇妙创造——人与水、与粮食、与酒醅的交互和感知，最终释放出了茅台酒的魅力。

对茅台酒而言，人工具有不可替代性。

传统工艺的核心价值在于人的情感和温度。人是世界上最复杂的一种生物，人有喜怒哀乐，每一个细微的情感差别，都会在手工制作中形成个性化差异。但这种个性的参差，正好弥补了工业流水线对于商品个性的抹杀，沉淀出弥足珍贵的精神价值。

茅台酒的酿造，实际上是情感的酿造。茅台人将或浓烈或含蓄的情感融入酒，酒也就有了情感，变得越发生动。酒的情感为人所赋予。人不同，所以每一瓶茅台酒背后的情感集合也不同。

人的感官的敏感性，也是人工不可替代的原因之一。例如，世界上最好的相机就是人的眼睛，哪怕是最昂贵的摄影设备，也不能比用眼睛去捕捉天上的一颗星星更快、更清晰，其他感官亦是如此。人的感官能把握温度、湿度，把握转换之美。

酿酒的秘密就在于转换。茅台酒的酿造，其实就是为了给微生物将粮食转换成酒创造条件。微生物群体很复杂，很神秘，也很挑剔。它们变幻莫测，只有靠人去把握，才能抓住其中细微的脉络。

无数茅台人在经验的积累和四季轮回的摸爬滚打中，已经练就了炉火纯青的感知本领。有经验的酿酒师傅，只要用嘴巴尝一尝酒糟的酸度，就能知道发酵进行的程度；轻轻捏酒糟，用耳朵听声音是连续的还是间断的，就能判断水分是多是少，还是刚刚好。感官就是他们最灵敏的仪器。他们用鼻子闻味道，用眼睛看菌落丰不丰富，得出的结论几乎没有差错。他们都在磨炼中修炼出了各自的绝技，并在创造酿造环境时，把人的感官的感知功能发挥到了极致，令人惊叹。

机器远没有达到人与曲块、酒醅的感知和交互水平，无法替代手工的灵敏感知。机器是冰冷的，很难凭"感觉"去掌握对物的控制度。而人的血肉之躯却非常灵敏，看到秤砣就判断出拿秤砣的力度，看到针也有拿针的方法，眼睛和手的配合天衣无缝。图3-3为中国酒文化城展出的手工酿造模型。

图3-3　中国酒文化城展出的手工酿造模型

同时，机器也创造不出微生物所需要的环境。所以在当下大多数企业都在尝试机械化生产时，茅台却在做逆行者，一直在酿造工艺上发挥人的力量，坚守传统的精华。

工匠是传统工艺传承的主体，而工匠精神则是茅台酒酿成的核心。茅台酒的工艺繁复，工序精细，非追求极致之心不可得，非精益求精之力不可及。茅台人把每一个科学、传统的工艺细节都融入了自己的神经末梢。为了酿好酒，茅台人"用功不计繁复，用时不计效率，用诚不计心血"，用坚持和执着在看似简单的劳动中开拓出乾坤天地。

茅台的工匠精神，是岁月沉淀的宝贵资产。历代茅台人在师徒关系的缔结中，完成了工匠精神的代际传承。人必须有人格，酒才会有酒格。酿造者只有品行端正，对于传统和自然有所敬畏，才能酿出一瓶好酒，所以茅台对历代传承人的选拔都很严格。特别是在古代，只有真正热爱酿造的人才能学习酿造工艺，传承酿造文化。

茅台人热爱工艺，也会学习和传承工艺，这种能量的传导，一直延续到了今天。一瓶茅台酒出厂需要至少五年，每一瓶茅台酒都装着数代人的青春岁月。茅台酒不仅是由高粱等原材料酿成的，更是靠茅台工匠的奉献精神酿成的。

热情和汗水浇灌出了"时间的陈酿"。在茅台工作了20年的酿酒师马崇刚说："我热爱现在这份工作。我认为我手上的茧很可爱，看到它我很欣慰。"在这样的热爱和责任的驱动下，马崇刚对待工艺没有一丝马虎。当他成为主管工艺的酒师后，从下沙一直到丢糟，茅台酿造中的一切大小事情，马崇刚都坚持亲力亲为。因为他和茅台酒的工艺已经结下了很深的感情，想为茅台酒献力更多。

马崇刚说，当一个人与一件事融合以后，人就会产生很多想法。他和茅台酒的酿造融合后，所产生的想法是：茅台酒要想持久不变味，必须坚守工艺，坚守质量第一，这是老祖宗传下来的不能变的指导思想。

精益求精的工匠精神，筑稳了茅台的核心堡垒：质量。茅台酒不变味，依赖于工匠的力量。茅台的工艺是祖祖辈辈坚守的，未来也将由子子孙孙坚守下去。对茅台人而言，酿酒存乎一心，犹如庖丁解牛，不仅是艺，而是进于道了。

在酿酒一线扎根三十多年的梁宗保说："对茅台酒的工艺，永远都有学不完的。茅台从必然王国到自由王国，还有很长一段路要走，还需要无数代的酿酒人持之以恒、矢志不渝。"

茅台是茅台人的茅台，是地方发展的命脉。茅台人深谙坚守传统工艺是茅台立身之本，也知道要实现酒与人的统一，道阻且长。

茅台人对于茅台酒怀有深沉的情感，所以每一个茅台人品尝茅台酒的感受都是复杂的、五味杂陈的。旁人喝茅台酒，或许喝出来的是"香"，是"荣"，是幽雅醇厚、韵味悠长。但茅台人喝茅台酒，喝出来的是酸甜苦辣，是汗水结晶的美感。他们小口小口地品味，因为他们知道这杯酒背后的故事。他们品味的不只是酒，而是自己的人生。

从基酒诞生的那一刻起，茅台人就在真正地鉴赏茅台。分型定级，盘勾、贮藏、小勾、大勾、包装，从基酒到成品酒，茅台一直被无数茅台人注视和欣赏。但许多茅台人大多只见过茅台酒在某一时间段的模样，并未能观其全貌。

基酒的生产者，感受得最多的就是茅台基酒的青涩；勾贮车间的管理员，见得最多的是茅台酒在陶坛中老熟的宁静之感；品评师，眼中大多是茅台酒在透明小杯中的精致画面；包装车间的员工，则更多是隔着瓶子给茅台酒"穿外衣"。不过，无论哪一个工艺环节的茅台人，当他们看到茅台的成品酒时，都会觉得它很美，不论它摆在哪一个地方；当茅台人喝茅台酒时，都会觉得茅台酒拿在手上很重，不论杯子里的酒装得多还是少。因为这是一种情感的投射和释放，是将艺术和美融入匠品的最佳证明。

茅台文化所构建的信仰体系，在工匠精神的传承中得到了集大成的体现。西南河谷中未经污染的纯净天地，农业文明中诞生的传统酿造工艺，茅台文化抓住的这一基本价值体系，对于茅台强文化表述的形成有至关重要的作用。

通过农耕文明、河谷文明和传统工艺三个层面的价值观构建，茅台文化构建了独特的意识形态。田园、质朴、手工，茅台文化所构建的信仰体系，其核心是传统生活方式的"慢"和

"美"。深厚的农耕文明，独特的河谷文明，永恒不变的传统工艺，茅台文化构建的信仰有自己的坚守，首先就让消费者对于茅台所承载的文化意义心生敬意，进而产生更深的信任和更强的接受度。一旦消费者接受了茅台文化所构建的信仰，就会开始接受茅台文化本身。不过要将信仰植入消费者的脑海中，还需要经过一个关键步骤：讲述茅台的历史故事。

茅台历史故事

茅台酒背后的酒道传承

在中国，酒不仅是一种饮品，还是一种文化符号。酒道，是中国传统的酒文化，是中国物质文明和精神文明的一个缩影。酒道，包括品正、器美、令雅三个部分。茅台，是中国酒道矢志不渝的传承者。茅台酒背后所蕴藏的酒道故事和历史记忆，是茅台文化表述之中不可或缺的组成部分。茅台在故事中揭示、传达了农耕文明的信仰和理念。

所谓品正，是指酒品正宗。贵州茅台酒纯天然、风味独特、口感醇厚、空杯留香、幽雅细腻，喝起来安全放心。

贵州茅台酒是世界上最好的蒸馏酒之一，自1915年之后，就与苏格兰威士忌、法国科涅克白兰地"三足鼎立"。

茅台酒的原料是水、小麦和高粱，在这三种原料所创造出来的独特酒品中有1000多种微生物发挥着作用，协调而丰富。

在投粮产出比上，茅台与其他酒也有差异。茅台酒是酱香酒，达成高品质的一个必备要素是严格按照5∶1的投粮产出比率来生产，即投入5斤粮食，只生产1斤酒。茅台酒的酿造原料成本之高，在业内也是少有的。㊀

茅台酒的正宗，体现在整个酒的酒体风格上，主要是色、香、味三个部分。首先是颜色，茅台酒色泽干净，微黄通透，无悬浮无沉淀。

其次是香气，茅台酒的香气成分非常丰富。茅台酒自有一股复合型香气，在这股香气之中弥漫着花香、蜂蜜香、果香。茅台酒打开之初，香气幽雅醇和、层次丰富错落；品饮之后，空杯亦有馥郁香气留存于空气之中，久久不散。

最后是茅台酒的味道，醇厚、丰满、回味悠长。茅台酒的基酒味道比较单一，其中可能有酸香，有焦煳味，酒体不厚重。但是经过有章法的勾兑之后，就会得到醇厚、协调的酒体。

茅台酒在酿造之中有一个极其重要的步骤，就是勾兑。这一动作，赋予了茅台酒全新的生命力，也是茅台酒之所以成为茅台酒的关键。茅台讲究以酒勾酒，不添加任何外来物质。在这一程序之中，几乎全仰赖勾兑师的一身过硬的本领。茅台的首席勾兑师王刚，连续25年来每天都要品尝100多种基酒，通

㊀ 闻熙.世界上最好的蒸馏酒之一[N].浙江日报，2006-06-13.

过用舌头分辨轮次酒，可以精准识别该把酒放入哪个酒缸。像王刚一样的勾兑师们在一次次的实验之中，找寻最切合茅台酒的味道，稳定纯正的茅台品质。

茅台酒口味中的醇厚，是时间的产物。每一瓶茅台酒都要经过至少五年，才得以上市。

每一年生产的基酒，并不是五年后全部出厂，而是会留下一部分进行存放，慢慢变成年份酒。这些年份老酒对于茅台酒的勾兑起着特殊作用。成品茅台酒，往往包含老、中、青三个"年龄"段的酒体，再加之时间的沉淀，就变得愈加沉稳而醇厚。这不是什么不可言的秘密，而是时间的魔法，在这世间，唯有耐心才能酿出令世人惊叹的迷人风物。

茅台酒能实现老酒挂杯，仿若美人流泪。这是因为茅台酒中含有大量芳香酯类聚合物，分子间的作用力大，整体表面张力强，倒在杯中，酒会沿着杯壁蔓延，并能达到一定高度，挂杯多而久。这还与茅台酒的又一特性——空杯留香有关，喝完的酱香酒空杯放置一段时间，仍然能闻到弥留的醇香，这是挂杯的酒体中的各种酯类物质在悄悄地挥发着香味。

酒之醇厚，也是茅台酒不上头，能区别于其他香型名白酒的原因所在。茅台酒醇厚温和，酒中易挥发物质相对较少，不易挥发物质相对较多。给人最直观的感受是：饮时不刺喉，酒后不烧心，不上头、不口渴，即使有时过点儿量，也不会使人产生头昏脑账、身心疲乏的生理反应。

这些都是茅台独特的品质体现。对质量永无止境的追求和要求，是茅台酒品质恒久不变的基础。如果你走进茅台酒厂，你便会感受到，十六字的质量理念[○]深入厂内每个员工的内心，对品质、质量的恪守，自建厂以来从未改变过。

说到正宗，还有一个重要方面就是安全性。从消费者的视角来考虑，最应该关注的便是安全性。茅台酒的安全性是毋庸置疑的。

茅台酒具有"原产地域保护产品""绿色食品"和"有机食品"三项国家级认证。从原料的使用到酿制过程的安全性再到官方权威认证，无一不证明茅台的安全性和正宗。

品正，是对酒本身的描述与赞誉；而器美，是指酒器精美，关系到品酒和盛酒的容器。

茅台酒所用酒器在历代茅台人勤劳而智慧的创造中，经历了一个逐渐发展变化的过程：从最开始的卮子（见图3-4），演进到圆形鼓腹陶瓶、柱形陶瓶，再到柱形白瓷瓶，还有备受关注的十大青铜酒器。

最早的茅台酒器，被称作"卮子"。卮子由细竹篾精编而成，口偏小，腹肚鼓，圈足，底部呈圆锥形向坛内四进，器型稳重敦实，能盛酒50斤左右。

○ 崇本守道，坚守工艺，驻足陈酿，不卖新酒。

图3-4　厄子和竹漏斗

厄子用竹编成，内胆糊有独门绝料，既能防酒液渗漏，又轻便耐用。这一酒器是基于当时当地的客观需求而产生的。西南属山地地形，崇山峻岭，歧路多，行路难，若还要身负自重几公斤的装酒坛子，属实危险。但若是使用厄子，卖酒的小贩则只用担负几十斤酒的重量，大大减轻了运输的压力。由此可见，在运力有限的时代，厄子为茅台酒名满川黔献力不少。

清乾隆二十年（1755年）前后，出现了250克装的圆形鼓腹陶瓶。瓶形如鸭梨，小口，圆唇，短颈，鼓腹，双弦纹饰于肩部，形制像当地人称的"罐罐"，瓶口封以木塞。

陶瓶具有极佳的透气性和避光性，酒可以在陶瓶内继续发酵，越发变得醇厚，酱香浓郁。这种圆形鼓腹陶瓶一直使用到了二十世纪三四十年代，在巴拿马万国博览会上，采用的就是这一包装的酒器。

民国时期，紫陶四罐这种器具首次启用。民国十五年（1926年）周西成执掌贵州军政大权，需要大量茅台用于交际来往，就在这个时期，成义烧房和荣和烧房为了装运方便，在酒器的制作上，动脑筋、下功夫，把之前的圆罐转变为了小口状圆柱形陶酒瓶。在这个时期，茅台酒瓶奠定了如今茅台酒圆柱形瓶的基础。

到了20世纪40年代，酒器改为了柱形酱色陶瓶，瓶身上还印有赖茅的商标，平肩、小口，瓶身呈圆柱形，通体上酱色釉。

新中国成立初期，茅台采用白釉陶瓶，但存在易渗漏和贮存困难的问题。

现在茅台所用的乳白色玻璃瓶在1966年成功烧制出厂，土陶瓶就此退到了历史的帷幕之后，台前呈现白色玻璃瓶的形象，不容易渗透的特性使其一直在历史舞台上活跃至今。白瓷瓶虽然也不易渗透，但是成本较高，白色玻璃瓶的诞生，同时解决了美观和成本的问题。在此之后，这一瓶型便沿用至今，成为茅台酒的一大标志，被称为"茅型瓶"。

1998年起，茅台为了开拓海外市场，培养海外消费者的饮酒习惯，外销时会附送一对精美的品酒杯，这成为茅台的标志性符号之一。由于当时的海外消费者未形成饮用高度酒的习惯，喝红酒和鸡尾酒时多使用大杯子，容量过大的杯子并不适合高度数白酒，也不利于佳酿的品鉴。

首先，茅台配备的酒杯为了培养外国人细致品酒、小口品酒的习惯，刻意强调了酒杯的"小"。其次，和大多数酒杯一样，为了让品酒人更能看清酒的质地，茅台酒杯采用透明的杯壁。最后，茅台将杯口的高度巧妙设计为适应身子的高度，方便品鉴者的嗅觉器官的调动，香气飘于鼻前，细细感知其中的馥郁。

进入21世纪后，茅台集团研制了商周和春秋时期十件青铜器的仿制品。2004年4月12日，茅台集团在国家博物馆举行茅台酒十大青铜器典藏仪式，四羊方尊等十件青铜酒器仿制品（见图3-5）正式被国家博物馆纳入馆藏，这是国家博物馆第一次对仿制品酒器进行收藏。

图3-5 茅台十大青铜酒器仿制品

青铜在古代被称为"金"或"吉金"，主要用来铸造礼器和兵器。原来的青铜器含有重金属，不可以直接用来饮酒。茅台所研制的青铜仿制品在保留原器的造型风格同时，还在酒器内

部烧铸了一层陶瓷内胆，解决了重金属的问题，使其具有了实用价值。

此外，茅台青铜酒器还将温酒器、盛酒器、饮酒器的功能合为盛酒功能，既是古为今用，又是推陈出新。

酒器，不仅仅指饮酒的器具，也可以放大到茅台的整个包装之中。茅台的酒瓶上，有一抹红色匠心独具。茅台有"蝶引佳泉酿美酒"的传说，酒瓶之上的那根红丝带，像彩蝶一样飞舞于车间工人的手中。酒旗是古时挂在酒店和酒楼之上的旗帜，也是入诗入画的传统文化元素。辛弃疾有诗："更远树斜阳，风景怎生图面。青旗卖酒，山那畔别有人家。"清代贵州籍诗人侯树涛也曾写道："茅台村酒谁家好，夕照江楼青旗悬。"茅台将古时的酒旗元素运用到了今天。茅台酒瓶上飘动的两根红丝带，便是酒旗在现代的传衍。传统和现代相得益彰，这不仅是酒器的传承，更是中国酒文化的延续。

茅台的飞天商标，取自敦煌文化。飞天仙女的裙带在翩跹飘舞之时袅袅飘动。商标中的裙带和酒瓶上的红飘带相互呼应，是中华文化在发出动人之音，古韵古意弥漫其中。茅台用现代的方式去体现敦煌文化与酒文化的有机融合。飘动的红丝带里存有的，是中国人的浪漫气质。

酒道的第三个部分是令雅，意指饮酒赋诗——饮美酒，赋高雅令辞。诗酒不分家，文人志士多有品茅台酒后诗意大发、妙笔生辉，在诗中歌颂茅台的醇厚、质美的例子。图3-6为中国酒文化城李白雕塑。

图3-6 中国酒文化城李白雕塑

在太平天国运动中，翼王石达开的军队直指涪州（今重庆涪陵），欲突破长江，占领四川。但是渡江不成，只得南下进入贵州。同治元年（1862年），石达开率领主力进入仁怀。经过多年战乱，茅台村少见商贾云集的繁荣场景，几家烧房早已停业。但石达开酒瘾难解，让人四处搜寻佳酿，最终喝到了茅台酒，据传，其有诗云："万颗明珠一瓮收，君王到此也低头。赤虬托起擎天柱，饮尽长江水倒流。"这首诗在贵州各地流传，诗中的荡气回肠之势，足以让人想象当时豪气万千的场景。

清代文庠生[一]卢郁芷，是仁怀鲁班镇人，写过一首清丽的小诗："茅台香酿酽如油，三五呼朋买小舟。醉倒绿波人不

[一] 文庠生，即秀才。

觉，老渔唤醒月斜钩。"从这首诗中可以略窥见，茅台酒当时就已是独一无二的佳酿。一个"酽"字，足见诗人对茅台的喜爱。茅台酒幽雅醇厚的特点，也在诗中表现得淋漓尽致。呼朋唤友相约船上小酌茅台，却不料酩酊大醉于赤水河上，幸有老翁来唤，抬头望去，一勾弯月已然挂天际。这一场景，不得不说，甚美。

茅台的酒道，丰富而绚烂，多元而璀璨，是中华民族几千年来精神文明和物质文明的缩影。在酒自身品质正宗的基础上，酒器也颇具茅台自身的特色，文人墨客也多颂扬茅台，传为佳话。中国，有茅台这一辉煌、独具魅力的酒道，在不断传承、延续。

历史记忆的载体

茅台酒承载着深厚的历史文化资源，它不单单是一瓶酒，更是一种珍贵的记忆容器。民间记忆、家族传承、民族荣光……茅台酒见证着或大或小的兴衰荣辱，承载着情感的悲欢离合，由此成为历史记忆的重要载体。

茅台镇口口相传的神话，各家族间流传的茅台故事，重大场合中茅台酒所扮演的历史见证者角色，都是茅台讲述历史故事的丰富素材。

茅台的历史记忆，首先来自茅台民间世代相传的神话故事。劳动人民充满想象力的传说故事,耐人寻味,浪漫神秘。

相传茅台镇最初并不产酒。日升月落,茅台镇的历史如水般滑过。在茅台镇东边的杨柳湾,居住着十几户村民,他们心地善良,待人亲切热情。这里虽然地处偏僻,人烟稀少,却是一个风景秀丽、物产丰富的世外桃源。

东边村口,住的是一位姓陈的年轻商人,因为他为人正直、心胸坦荡、乐善好施,有着菩萨一般的心肠,经常用做生意赚来的钱帮助有困难的村民,所以乡亲们都亲切地称他为陈大哥。陈大哥非常慈悲,就连对自然界中的小生灵都充满了爱心。

一天,陈大哥外出归来,正遇暴雨。在村口看见一只美丽的蝴蝶被暴雨冲陷在泥浆里,已经奄奄一息。陈大哥顿生恻隐之心,上前将蝴蝶轻轻捧起,拂去它身上的泥浆后,小心翼翼地把它放进一个雨水冲刷不到的树洞里。

过了很久,因天大旱,有一天陈大哥不得不到很远的河滩去挑水。刚出村口,只见一对蝴蝶飞来,围着他翩翩而舞,且总是挡住他前进的脚步。陈大哥十分诧异,停步细看,发现其中一只很像以前他救过的蝴蝶。望着忽而在脚边打转、忽而在头顶飞旋的蝴蝶,陈大哥奇道:"这蝶儿如此姿态,莫不是想引我去哪里?"

果然,这对蝴蝶引着陈大哥走向一条人迹罕至的小道。当走到小道尽头时,忽闻泉水叮咚,并有一股淡淡的幽香随风飘

来。陈大哥跟随两只蝴蝶来到两棵杨柳树下，见一泓清泉从石洞中涌出，汇成一条小溪，挡住了他的去路。

那泉水清澈见底，使人心旷神怡。清泉周围，芳草青青，垂柳依依，如诗画一般美不胜收。石洞口流淌而出的泉水汩汩淙淙，如同宝珠飞落。陈大哥被眼前的景色所吸引，他蹲下身子，用手捧起清泉嗅了又嗅，清香扑鼻。

他用舌尖微微一舔，甘甜润喉、沁人心脾，顿觉经络通达、舒畅异常。陈大哥是个生意人，又是个遍尝醇酒的行家。他想，用这样纯净、甘甜的泉水酿的酒，一定是无上的佳品。这时，他才明白了蝴蝶引他来这里的真正用意。

不久，陈大哥就在这泉边开设酒坊，开始酿酒。果然，用这泉水酿出来的酒非常醇香，过往客商品尝以后，无不交口称赞。为了感谢蝴蝶的指引之情，陈大哥特意请来工匠，在酒坊两边的山墙上，塑了两只栩栩如生的蝴蝶。

茅台村出好酒的消息渐渐传开了，很多不经过此地的商旅人士，为了品尝这浓郁芳香、味美甘醇的陈家美酒，不惜绕道几十里也要来这里。随着来往客商的增加，茅台村也日渐繁荣了起来。

这便是茅台"蝶引佳泉酿美酒"的神话，其间蕴藏着民间关于茅台酿酒起源的美好想象，更承载着"善有善报"的朴素价值观，展露出中国人的人文情感。

关于茅台的历史记忆，除了民间的想象力构建，还有家族中茅台文化的传承和传递。茅台酒因为稀缺和珍贵的属性，具有跨越时间的收藏价值，往往成为数代珍藏的传家宝，亦成为一个家族历史记忆的载体，蕴藏几代人的故事。这些与家族血脉相关联的故事，在历史的点点滴滴中熠熠生辉。

茅台中国酒文化城的讲解员李倩如因为工作关系，对茅台酒的故事感触尤其深。她总是习惯性地去了解、收集关于茅台酒的民间记忆。如果在路上听说了哪家有陈年茅台酒，还会到对方家里进行拜访，了解那瓶酒的来历。

在讲述那些陈年旧事的时候，对方可能会牵动情绪，情难自禁；可能因忆起当年勇，激动万分，心潮澎湃；甚至可能因为伤心往事而落下热泪。茅台酒在他们的过往中占据了很重要的位置，在一些人的家庭中，茅台酒是传家宝，是亲人之间的传承，是代际之间情感的纽带。

李倩如讲到情起处，还跟我们分享了她的家族故事。她是仁怀本地人，她们家与茅台酒很早之前就结缘了，茅台酒可以说贯穿了她的一生。1948年，土匪出现在了她家祖屋附近，觊觎屋内的茅台酒。外曾祖父拼死相护，留下了茅台酒，却丢了性命。这瓶被保存下来的茅台酒，传给了外公。因为这瓶酒是外曾祖父用性命换来的，所以一家人都觉得十分珍贵，舍不得喝。

李倩如从小和外公一起生活，很是调皮。看外公把茅台酒放在高高的橱柜上，小孩的好奇心促使她总是想去拿下来看下，很多次都因为这样的调皮被骂。待她年纪稍大一点，外公就把她放在椅子上，面对着她，把关于这瓶酒的故事娓娓道来。由此，她才了解到了这瓶酒的坎坷经历，也明白了它有多么得之不易。它的意义远大于酒本身的价值，承载了一代人宁折不屈的精神，也是文化的传承。

她长大之后，也会和至交好友讲述这段故事，让更多人认识茅台。李倩如是1988年生人，在她结婚时，外公拿了两瓶1988年生产的茅台酒作为嫁妆，寓意颇丰。对她来说，这两瓶酒已经超越了酒这个本体，而是一种茅台情结。

李倩如的一个同学，曾经拿着一瓶白纸包着的茅台酒向她请教："这瓶酒现在值多少钱？"李倩如判断说："光看瓶子，像是19世纪60年代生产的酒，价值不菲。"朋友说这是她外婆留下来的酒，承载着她儿时的记忆。在她小时候，外婆经常用筷子沾一下酒，放在她的嘴里，她便听话地咂咂嘴，从小就习惯了酱香酒的香味。长大之后，外婆逐渐老去，离开了人世。亲戚们都来争抢这瓶外婆留下的酒。她不愿让外婆的珍宝流失，于是来询问李倩如当时市场上酒的价格，然后以市场价把这瓶酒买下了。在她心里，这不仅是茅台酒，更是和外婆情感联结的纽带。

这些都是茅台人自己或身边人的故事，让人倍感温馨，充满记忆中的影子。

来自融媒体中心的老茅台人也跟我们分享了陪伴他长大的茅台酒的故事。在他的记忆里，不论在他的童年时期还是长大之后，茅台酒一直都是高品质、高价格、高价值的产品。小时候的茅台酒，珍贵到家里有贵客到访才会打开。

当他还在茅台包装车间工作的时候，接触到一个经验丰富的高级工程师。这个工程师刚开始工作的时候，工资大概只有二三十元，当时的茅台就要七八元一瓶，占他工资的1/3到1/4。听完工程师的分享以后，这位老茅台人调侃道："如果要按照这个比例来说，你现在的工资不到1/4就能买一瓶茅台酒了。"这位工程师听了，大笑起来说："要这样算，茅台现在还降价了。"

这位茅台人结婚之后，他的爱人也给他讲述了家族中关于茅台酒买卖的故事。他爱人的外公是1915年出生的四川人，但是在20世纪30年代就移民到了贵州茅台，在茅台买一些土特产，带回四川销售，再在四川进货，运到泸州去卖。就这样，靠赚两地的差价做生意。

有一次，外公在茅台地区买了三瓶茅台酒，当时进价就要一个大洋一瓶，去成都做生意的时候，他希望把这三瓶酒卖掉。结果，到哪里都卖不出去。外公就到了成都最大的一间饭店吃饭，想把酒以原价一块大洋的价格卖给饭店的老板。老板很惊讶，随即哈哈大笑起来，说道："我从来没听过哪瓶酒要卖整整一块大洋，我确实是买不起。"外公和他的同伴一看，到哪哪都卖不出去，咋办呢？无法，自己解决吧，好不容易喝个奢

侈的。于是就着一桌子丰盛的餐食，他们喝掉了茅台酒，而且还叫老板过来一起喝一杯，老板喝罢简直喜不自胜。

由此可见，茅台其实自诞生之日起，就是价值极高的产品，无论时光如何更迭，这一特性都未曾改变。茅台酒的高价值和稀缺性，使其成为家族中一放再放的传家宝。珍惜它的人都不舍得喝，越放越珍贵，越珍贵越放，最后这瓶酒就成为整个家族的记忆载体了。

除了家族记忆，茅台酒还承载着国家的记忆。回溯历史，茅台酒在许多外交场合中都出现过，是中国和国际重大事件中的重要见证者。这些外交过往，蕴藏着民族荣光的故事，是茅台的强文化表述之中的中间环节。这些历史故事可以传达、解释一些理念，比如茅台承载着国家记忆这一理念。

1954年4月，周恩来总理到瑞士日内瓦参加国际会议，展现了大国外交的风范。在日内瓦会议召开的次日，周恩来总理以中国代表团的名义举办了招待会，在会上，茅台酒以自身的卓越品质吸引了众人的目光。不仅中国在世界舞台上崭露头角，茅台酒亦是。

云集日内瓦的外交官们不禁感慨道：周恩来总理的外交是一门学问，更是一种艺术，为人所倾倒。周恩来总理会后感慨地说："在日内瓦会议上帮助我们成功的有'两台'：一台是茅台，一台是戏剧《梁山伯与祝英台》。"

1972年2月，时任美国总统尼克松访华，周恩来总理用茅台酒宴请尼克松，成功把酒带进了中美两国的历史当中，融化了中美之间的坚冰。在尼克松所写的《领袖们》一书中，描写了他和周恩来总理在宴会上的场景。

尼克松在书中说，在国宴中大家不喝西方惯常的香槟酒，而是喝中国的一种经典白酒——茅台酒。他们在会上与当时的50多位官员碰杯，每次周恩来总理都只轻轻抿一下，并不多喝。

据说，当晚周恩来总理拿出的是超过30年的茅台陈酿。尼克松和周恩来总理的干杯，更让茅台酒在这个历史性时刻焕发光彩。

1984年12月19日，中英正式签署联合声明，在签字仪式之后，撒切尔夫人走进了人民大会堂宴会厅，邓小平同志用茅台酒宴请"铁娘子"撒切尔夫人。《中英联合声明》是关系香港前途的里程碑，茅台酒无疑见证了这一历史性事件。

历史长河繁星满天，在属于茅台的那块天空上星辰格外闪耀。从个人到家族再到国家，从小家到大家，有家有国，才叫作国家记忆。浩浩荡荡的历史记忆中，茅台的位置卓越不凡，是实力的体现，也是荣誉的象征。

民族精品

国家名片

在海外，当亚洲面孔的人宴请客人，在餐桌上摆上贵州茅台酒时，周围就会有人上来问："你是中国人吗？"

这个简单的疑问句背后，透出一个关键的信息：茅台酒已经成为外国人辨别中国人的标志之一。造型别致的茅台酒瓶，将中国元素顿时凸显无遗。茅台成为中国的形象印记，这是客观的历史沉淀，也是茅台文化在讲述茅台故事时，着力呈现"国家名片"文化符码的效果。

"国家名片"这一文化符码，是茅台文化围绕"农耕文明——传统手工"这一信仰体系而打造的最适合表达茅台的文化符码。茅台酒从历史中走来，承载着丰富的传统文化和历史记忆，也延续着中国典型的农耕文明和传统手工，是当之无愧的民族精品和中国品牌担纲者。

一直以来，茅台都在传递其国家名片的符码和形象。不管是对内宣传茅台酒在国际市场的形象，还是对外传播万隆会议等各种重大场合茅台酒的身影，抑或是茅台的宣传之旅，都是茅台传递国家名片文化符码的有效举措。

在文化传播中，茅台努力去完善所有消费者的接触点，包括包装、商标、经销门店装饰、媒体传播等，都是为了用一种直接的、视觉上有说服力的方式传递国家名片的文化符码。

茅台酒瓶包装采用红金搭配，透出中国传统色彩的庄严，与故宫建筑的色彩搭配相似。红，又被称为中国红，是最能代表中国形象的元素之一；金，中国传统色谱中最尊贵的颜色，代表着中国人对荣耀的向往。茅台酒瓶用红金两色作为主配色，本身就是将自身的视觉形象打造成了中国符号。

飞天茅台的商标，更是不用多言。放到那里，别人就会自动解码：这是来自古老中国的品牌。

经销门店装饰虽然经过了多次变迁，但总体上都是与中国元素紧紧相扣的。在20世纪初一直到2018年这十几年间，茅台的门店招牌都采用红黄配色，并有龙的装饰图案，传递着浓郁的中国传统元素。

国家名片作为传递茅台核心文化观念的一种符码表征，在茅台文化的表述中发挥着占领用户心智的作用。文化符码让消费者可以相对轻松地接受和认同茅台的价值观体系：好酒看茅台。

茅台可谓当之无愧的"国之大器"。茅台打造国家名片文化符码的底气，并非空穴来风。从历史上看，国家领导人把茅台作为国礼，用以款待和馈赠外国元首政要及国际友人。这是茅台酒国家名片的最佳证明。

2008年北京奥运会之前，为寻找传统文化的根基，近百家媒体共同发起"寻找中国100元素"大型网络调查活动。调查历时一月，最终结果显示：长城、春节和龙，以无可争议的优势位列前三名；中国汉字、黄河、长江、唐诗、故宫等进入前十。而在该项调查中，茅台也成为大众心中中国100元素的企业代表。与长城、春节、龙等位列同一榜单，茅台国家形象的代表性无须多言。

2009年，在中国品牌研究院公布的"国家名片"名单中，茅台荣列其中，与100个民族品牌共享至高荣耀。"国家名片"指的是能够代表中国国家形象的企业或品牌，该项评定就好比中国企业界的"品牌奥运会"。茅台上榜"国家名片"百强榜，足以说明茅台文化的代表性。

除了上榜中国"国家名片"，2015年，茅台还入选世界品牌500强，并在此后多次问鼎全球烈酒品牌价值排行榜首位，成为中国民族品牌走向世界的典范和代表。作为中国民族品牌阵营中的重要一员，茅台在国际市场占据不可撼动的地位，为中国白酒企业走出国门起到了标杆性的带动作用，更让中国传统文化传播到了全世界。

茅台不仅是中国民族品牌的标杆,还是中国制造的代表。茅台是一家传统的酿造企业,但其思想却并不传统,相反,茅台敢于拥抱新技术,探索新发展。新与旧,创新与坚守,传统与科技,同时在茅台这个古老品牌上得到了交汇。

传统和科技,其实并不是一对真正意义上的反义词。在很多传统领域中都产生过可以称为极致的产品、工艺和艺术。传自宋代的丝绸工艺、明清的黄梨木家具、宋代至清代的各处官窑,都曾在历史上显赫无比、名冠天下。但是这些堪称顶级的工艺,如今大多销声匿迹,不可再现。㊀

细数这些百年工艺的消逝,历史的跌宕是一方面,另一方面是自身的难以为继。其实中国文化从不缺乏奇迹,缺乏的是持续经营的方法和手段。文化的核心当然需要坚定不移地传承,但是呈现文化核心的方法,却可以在新时代中寻找新手段,释放新魅力。

茅台就是利用技术为酿造服务的个中翘楚,在坚持科技创新、生态保护、海外文化传播等方面都取得了一系列卓越的成就,可称为新时代"中国制造"的中坚力量。既能体现中国传统文化的厚重,又能展示中国企业的活力之变,茅台中国名片之位,实至名归。

回望历史,茅台自身的发展和国家命运紧密相连,使得茅

㊀ 余凌,吴言.贵州茅台"中国制造"的历史回响[N].光明日报,2010-09-01.

台成为中国品牌史上的传奇。1915年，茅台酒在巴拿马万国博览会上勇夺金奖，在中国经济史上留下了浓重的一笔。这个非同凡响的起点，注定了茅台品牌一开始就站在了国家的高度。

品牌的成长即是国家的成长，国家的发展也促进着品牌的发展。茅台的发展是中国经济发展的缩影，茅台文化的兴旺离不开国家大环境的深厚土壤。所以茅台在发展的同时，时刻感恩时代的机遇，坚持做中国责任担当者。

茅台对于国家名片文化符码的传播，不只在于"故事"的讲述，还在于"形象"的烘托。大企业有大担当，茅台积极履行社会责任，对其口碑和美誉度的打造产生了重要作用。

长期以来，茅台在发展的过程中，一直以发扬传统产业、光大民族品牌为己任，积极承担社会责任，倾力支持公益事业。通过"中国茅台·国之栋梁""习酒·我的大学"等大型公益助学活动，彰显了茅台人强烈的社会责任感和博爱情怀，也树立了茅台良好的企业形象。这足以说明，茅台的眼界是宽广的，是胸怀天下的。茅台所承载的中国情怀、中国格调、中国精神，提高了消费者对于国家名片文化符码的接受度。

其实不管是酒道传承也好，历史记忆也好，茅台一直把自己的文化定位在一定的高度，并在行业中保持了文化的领先优势。茅台强文化表述形成的关键在于，茅台用"国家名片"的文化符码传递出一个信息：茅台酒是中国白酒的领先者。

社交意义最佳载体

请客吃饭的时候,只要在桌上放一瓶茅台酒,就什么都不用说了。因为这瓶酒,都替你说了。茅台酒会"说话",是茅台用文化符码将酒与社交意义绑定的直接体现。

社会交往,是人类日常生活中重要的习俗之一。人与人之间、社会群体与社会群体之间、国家与国家之间的社会交往活动,不仅是一种社会人际关系的体现,而且是一种文化关系、伦理关系和规范关系的体现。

中国自古以来就是礼仪之邦,"礼尚往来"的文化观念,上到庙堂,下至江湖,一直为中国人所恪守。礼文化在中国文化血脉中延续了几千年。直到今天,守礼都是中国人最重要的文化性格之一。

在中国人的社交礼仪中,最重要的莫过于两个字——"尊重"。有朋自远方来,主人款待客人总是要用家里最珍贵的物品,以示对客人的尊重。

茅台文化表述的另一成功符码,就是在讲述故事时,将茅台酒与"礼文化"紧紧绑在了一起,使得茅台酒成为最高尊重与最大诚意的代名词——社交意义的最佳载体。

从古至今,酒就扮演着社交情谊的催化剂等重要角色。茅台挖掘出了"社交意义的最佳载体"这一文化符码,彰显了茅台的礼仪价值,也展示了茅台酒关乎国之大事、大礼的形象。

对具有数千年礼仪文化积淀的中国人而言,"礼性"是人与人关系最恰当的表达。[一]因为茅台文化找到了这种人与人之间关系的最恰当表达,所以茅台文化能够占领中国人的心智。

茅台曾经有一句广告语:"酿造高品位的生活。"这是茅台打造自身"社交意义的最佳载体"文化符码的一个外化表现。品位原本是指矿石中所含有用成分的百分比,品位越高,说明矿石的品质越优。茅台用"酿造高品位的生活"的广告,使得茅台在物质享受层面之外,还连接了品位等精神体验。高端白酒的定位,增加了茅台在社交中的无形价值。

事实上,"社交意义的最佳载体"所塑造的,就是茅台可以作为一种重要的社交资本。酒本身就是中国人在社交场景中常见的消费品,家人团圆、朋友聚会、生意往来,都要喝酒。

但由于茅台酒的高品质和稀缺性,出现茅台酒的地方多是一些重要场合。上至国宴,下至贵宾招待酒会,为了凸显庄重,主人总是会选择茅台酒以示对客人的最高尊重。在社交场合中,选择一瓶茅台酒,其意思不言自明。因为大家已经认同了茅台就是社交意义的最佳载体。

大家之所以对于茅台的这一文化符码产生认可,是因为茅台契合了中国人热情好客的传统文化。茅台酒是分量很重的待客之物。过去,只有家里来了非常贵重的客人,或是要办大事

[一] 余凌,吴言.贵州茅台"中国制造"的历史回响[N].光明日报,2010-09-01.

的时候，才会开一瓶茅台酒。茅台酒中深厚的文化价值内涵，总是能在社交活动中发挥重大作用。

在社会交往中，茅台酒在一定程度上代表着人际间的高规格接待礼仪，这使得茅台文化在社交礼仪中拥有了更丰富的特殊秉性。在不同的社交场合和特殊时刻，人们用茅台酒来招待客人和分享喜悦，这就是茅台文化的魅力。中国人有一种深入骨髓的仪式感，就是在重要的节日里，一定要用最好的东西来庆祝。年夜饭时阖家欢乐，中秋夜时一家团圆，都要享用丰盛的晚餐，配上一瓶好酒，这体现出中国人追求美好生活的标志性需求。

茅台酒无论从品质基础还是从品牌定位而言，都是白酒中的不二选择。而在一年一度的重要日子里，人们更需要一瓶茅台酒。通过社交意义的最佳载体这一文化符码，传递出茅台酒是情感好物的信息。

中国人喝酒，喝的其实不只是酒，而是一种情感和文化。"一杯美酒泯恩仇"表现的是中国人在交往中的包容和大度，"一壶浊酒喜相逢"表达的是中国人交流中的喜悦和友好。中国人的情感阈值里，人生有四喜：久旱逢甘雨，他乡遇故知，洞房花烛夜，金榜题名时。人生四喜表达了中国传统的人生向往，每一项，都是中国人追求的大喜。

茅台文化能够承载人生四喜。人生四喜喝茅台，是对人生重要时刻的见证。金榜题名宴上，洞房花烛夜时，用茅台宴请亲朋

好友，用好酒分享喜悦之情，已经成为一种社会现象。

酒是精神的产物，在社交场合中，茅台不仅参与其中，还发挥着释放精神和情感的作用。在大家一起分享喜悦的特殊时刻，茅台作为情感催化剂，赋予了纪念时刻非同凡响的意义。朋友、亲人，大家欢聚一堂，喝茅台酒的心情、感觉都会有所不同。茅台的这种社交属性，超出了它本身的物质价值，延伸出了更高层级的精神需求。

仁怀当地有很多外出工作谋生的人。每当忙碌一年回到故乡过年时，许多人都会买上一瓶茅台酒，在新年时和家人朋友共饮。这是对他们一年辛苦劳作的犒赏，更是一种精神层面的释放。故乡、亲人、安稳、喜乐，他们在特殊的时刻，远离劳累奔波，用一瓶茅台酒纾解了一年的辛劳。所有丰收的喜悦、自豪，对于来年的期许、盼望，对于家人团聚的重视、珍惜，种种珍贵的情感，都凝聚在茅台这一瓶酒中。举杯共饮的一瞬间，人与人之间的情感和温度，远远高出了酒的53度。

社交意义的最佳载体的文化符码，恰到好处地反映了茅台酒在维系家庭关系、朋友关系、族群关系时的重要作用。茅台酒的社交属性，能助推情感的交流和升温。这是茅台酒强文化表述抵达消费者心中的关键，因为它契合了消费者最根本的情感需求。

文化符码的塑造，提高了茅台文化对消费者的说服力。放眼白酒市场，很少有一种酒能有茅台这样强大的文化吸引力；

也很少有一种文化，能像茅台文化一样在消费者心中留下如此深刻的烙印。

茅台文化的成功，正在于打造了强文化表述，它用"农耕文明——手工传统"的信仰体系、生动的历史故事、富有深度的文化符码为消费者传递了高品质的感觉。在20世纪末21世纪初的品牌升级中，这也引起了消费者的共鸣。当消费者端起一杯茅台酒，他会不自觉地感到光荣和荣耀。这种文化气息极其显著，易于理解和传播，也有着极强的感染力。理念、神话、文化符码三个层面紧密勾连，三个部分层层扩散，茅台形成了超强的文化表述，既为茅台文化找到了定位，又构筑了茅台宽阔的文化力护城河。

强文化表述的能量

从茅台到茅台现象

二十世纪八九十年代,大家喜欢喝洋酒,朋友聚会和商务宴请时,大都选择红酒、香槟或者威士忌。但是在今天,大家更认同喝茅台酒代表高品质生活,消费观已经发生了极大的转变。几十年时间,茅台迅速发展,形成了轰动市场的茅台消费热潮,引发了从茅台到茅台现象的转变。

什么是茅台现象?

首先,茅台现象是茅台热,代表消费者对茅台的认可与追捧。茅台酒是高品质酱香白酒的代名词,是老百姓心中的好酒,这就形成了一种现象级的消费热潮。

其次,茅台现象是一种文化现象,是"香"与"荣",品味是"香",精神体验是"荣",这在文化理解中,我们可以称之为茅台的强文化表述。

强文化表述，为茅台酒赋予了典型的精神属性和文化属性。因此，一瓶茅台酒的价值具有二元性：既包含了形而下的物质品质，又包含了形而上的精神属性、文化属性，其中物质品质是基础和本质，精神属性、文化属性是灵魂。消费者消费茅台酒，认可的不仅是茅台的物质属性，还有茅台酒中非物质的社会属性、情感属性、精神属性、文化属性。

所以，茅台现象是一种文化现象，承载着中国现代社会的品质追求、价值、观念和社会关系等丰富内涵。

茅台的强文化表述，将茅台酒与高品质生活联系在了一起。喝茅台酒，往往意味着舒适、幸福和美好。有了茅台文化的支持，以及在广告和公共关系活动中茅台酒与文化事件的联结，这些联系便能够发生。

茅台的强文化表述，让茅台酒在满足消费者味觉需求的同时，也具有满足消费者心理需求的功能。这使得茅台酒脱离了物质产品的束缚，释放了其文化属性上的优势和独特性。

茅台的强文化表述已经在中国社会大众心中形成了一种"文化符号"，以及一种特殊的社会象征。

正如国家名片、社交意义的最佳载体这些文化符码所传达的信息一样，文化已经成为茅台酒的核心价值，为它赋予了一种具有指向意味的全新内涵。

茅台蕴含特殊的社会象征，即人格、品位、情感、生活方

式和精神需求等价值体验。这些丰富的体验,并非金钱能够换取的,也具有特殊性和精神性。茅台文化所代表的象征意义,引导了人们对它的预期,也影响着市场的供求关系。

当人们喝茅台时,喝的不仅仅是一种"香",更是一种"荣"。所以茅台现象,还可以被称为一种现代消费文化的"符号象征价值"。人们在消费它的过程中,能获得自身追求、文化品位等方面的满足,找到文化认同感和归属感。

茅台文化成功地占领了消费者心智。茅台现象的形成,与茅台文化契合了中国人的文化本底紧密相关。酒对中国人来说,不只是一般的商品,更是情感的消费品。茅台酒中所蕴含的情感,也就是中国人的喜好和性格。

茅台现象形成的表面原因是茅台的强文化表述,但是深层次的逻辑,是中国人认同茅台文化所传递的价值观。农耕文明的朴实、河谷文明的悠远、传统手工的个性,都为茅台现象注入了文化灵魂。更重要的是,中国人认可酒在文化语境中的形象和作用。

没有什么事情是一杯酒解决不了的。中国人愁的时候喝酒,乐的时候喝酒,红白喜事也会喝酒,并不是说酒有多大作用,而是说中国人对酒有所寄托。茅台现象之所以形成,是因为它承载着中国人认可的文化和性格。

中国人认可茅台是代表尊重的一种符号,认可人生四喜喝茅台的文化情结,认可茅台酒是品位的象征。有价值认同的前提，才有茅台现象生长的土壤。有中华民族独特的民族性格和文化底色，才有茅台现象的茁壮成长。茅台文化的强大之处在于，茅台率先用强文化表述抓住了中国人独特的性格和喜好，为茅台现象的茁壮成长贡献了难以估量的力量。

此外，茅台现象是茅台商业开创的奇迹。人们通常会以茅台作为行业的龙头来表达，例如，某行业的"茅台"、A股的"茅台"……可见，茅台成了好公司的代名词。

茅台的收入规模和利润持续高增长，毛利润、净利润也持续增长，且大幅超过社会平均利润率。茅台良好的盈利能力反映到资本市场，象征着优质公司。A股白酒行业龙头的地位，更让茅台现象表现出稳定性和持续性。

知名投资人董宝珍分析说，在过去的几十年间，茅台酒价格不断攀升，但是消费者却没有放弃对茅台酒的购买，这背后是精神经济学的因素——茅台酒满足了人们的精神需要，这些精神商品，有其自身独有的价格形成机制和价值本质。

从一瓶茅台酒到一种茅台现象，背后其实是强文化表述的能量。

茅台符号意义

茅台不仅仅指一瓶酒、一家企业或者一个地名，它还能代表其他形容词或代词，比如"好"，比如"品质""卓越""稀

缺"等。

茅台的这种指代性,是强文化表达的另一大辐射能量,即文化不仅让茅台成为酒业的标志,还在消费者心中化身成了一种独特的文化符号。

符号是什么?从语言学大师索绪尔的理论看,"能指"和"所指"是符号的一体两面。每一个符号都有"能指"与"所指"。比如,茅台的"能指"(语音形象),就是茅台镇神奇土地的名称;茅台的"所指"(概念形象),则在不同的人群中演化出不同含义,比如茅台酒、茅台集团、茅台镇、茅台股票等。

简而言之,符号就是大家都认同的东西,是靠人为约定而形成的,比如人类族群约定俗成的语言符号。茅台符号的形成,很大一部分得益于文化的长期积淀。强文化表述让茅台在大家都认同的"能指"和"所指"符号形象之外,增加了一层意识形态,也就是"意指"。

意指是符号在含蓄意指层面发挥的作用,被称为二级所指。比如"玫瑰"从语音形象方面来看,是指一种蔷薇科、蔷薇属的落叶灌木。但是,法国作家罗兰·巴特认为"玫瑰"还有个二级所指——"爱"。这种二级所指其实是带有意识形态属性的。茅台文化也为茅台本身附加了多重含义和二级所指,从而让茅台成为其他名词的代名词,比如品质生活、品味人生和稀缺收藏品等。

茅台酒作为消费品的第一属性应该是酒。但茅台是酒,亦非酒。15.03平方公里原产地保护、传统的复杂工艺、五年出厂周期，茅台通过文化不断向消费者传递茅台酒的稀缺性特征，让茅台酒慢慢具有了投资的金融属性，成为可以流通的硬通货，甚至是特殊的动产抵押品。

2018年，《经济观察报》有文章报道，上海长宁区的小复印店里，贴着茅台酒可以作为抵押物的广告，利息在20%左右。一瓶20世纪90年代生产的飞天茅台酒，如果当作抵押物，可以得到现金5 000元，一个月利息大约八九百元。北京德胜门内，一家店面很小的老酒鉴定评估交流中心，同样把茅台酒作为收取利息的抵押物，顾客如果资金充裕就能赎回酒。[一]这些小店就像古时候的当铺，而茅台酒就像首饰和古董，在店中流入流出。

更为显著的例子是，2020年3月，贵阳星力百货集团将164 404瓶53度500毫升飞天茅台酒（带杯）作为动产抵押，向贵阳银行借贷2.3亿元，债务期限3年。

茅台酒之所以能被作为抵押物，是因为茅台供求关系长期紧张，有市无价，不仅不会贬值，还有升值的空间。所以茅台酒有液体黄金之说。这种金融属性带来的边际弹性，其背后都有茅台文化力的加持。文化力对于消费者价值观不断重建，茅台也在消费者心中成为硬通货的另一个同义词。

[一] 摘自郑淯心和张燕征的《收藏茅台酒还是买茅台股票？化身符号的茅台究竟是什么》。

和硬通货属性相伴而来的，是茅台酒的收藏属性。白酒与一般依赖于更新换代的商品不同，白酒放置年份越久，品质就会越好，价值也会随之增加。这种酒体的物理基础，让茅台摆脱了一般商品的束缚，具备了收藏品的潜质。茅台通过历史文化放大了产品的稀缺性和不可复制性，增加了其作为艺术收藏品的文化价值，进一步提升了其经济价值。

近几年，茅台酒在艺术品拍卖会上的成交价格远远超过了国外洋酒，这就体现了茅台文化力对产品收藏价值的赋能。收藏茅台，就相当于收藏文化。

茅台的符号意义，不止体现在硬通货属性和白酒行业的标志上，更体现在茅台两个字就是"品质"的同义词上。如果某个商品在某个行业中品质好、价值高、价格高，大家就会用"某某中的茅台"来代指它，比如化妆品中的茅台，医药中的茅台，清酒中的茅台等。

茅台已经成为代表各行业品牌地位的符号。獭祭，是深受日本人喜爱的清酒品牌。其原料精挑细选，工艺复杂，并且是清酒老铺在原始条件下依靠匠人手工酿造出来的产品。獭祭品质纯正，芳香馥郁，也曾被日本首相作为国礼赠送给各国首脑。不了解清酒的中国人，可能对獭祭这个品牌没有概念，但是在向中国人介绍獭祭时，只要在后面加上一句"清酒中的茅台"，大家就知道了獭祭在清酒中的地位。因为茅台在消费者心中已经成为特定的符号，所以只要一用"清酒中的茅台"来形容，就能简单明了地表达獭祭的地位和属性。

茅台在资本市场的反映——股价，也具有符号意义。对于在股市中表现特别好的企业，人们往往会用茅台这个词来进行标注，可见茅台符号意义的强大。

茅台符号在股价上的表现，首先是茅台对于白酒板块的带动。在茅台的引领下，整个白酒板块的股票价格整体上涨。股价是实体盈利的反映，股价上涨，说明投资者对白酒行业整体看好。

在白酒行业之外，其他长期看涨的股票，也会冠上茅台之名。比如国货经典珀莱雅股票不断创历史新高，其就被称为"化妆品中的茅台股"。

资本市场的表现是实体市场的投射。股价持续上涨，反映了实体表现卓越。比如珀莱雅，在消费升级的大背景下，化妆品市场空间极大，珀莱雅的未来会持续向好。所以说，茅台股价符号侧写的，不仅是企业的当下，还有企业的过去和未来。过去一路上涨，由此奠定行业中不可撼动的江湖地位；未来利润空间无限，才有后续的强劲发力。这就是茅台所代指的股票和企业。

这种符号所投射的，就是茅台本身在消费者心中的形象，过去优秀，未来光明。茅台符号，具有难以替代性，这是文化力护城河的作用。

文化溢价

马克思认为：商品的价值决定价格，而价值是凝结在商品中的无差别的人类劳动。这一价值理论决定了绝大多数商品的价格。

但茅台却是价值理论的例外。客观地看，茅台已经超越了传统的价值理论，具有价值的超越性。

茅台为什么能产生价值的超越性？追根溯源，是因为茅台的价值具有二元性，它不仅体现为一种物质价值，更体现为一种文化价值。尽管茅台的物质价值有限，但其文化具有极强的文化溢价能力，这是茅台文化力最重要的能量之一。

什么是文化溢价？简单来说，文化溢价是指文化为产品带来的高附加值，以及文化价值的不断扩展。同一般商品相比，有文化溢价的商品因其具有文化属性，人们已经默认其具有一般商品之外的劳动和价值，即额外劳动和额外价值。比如，消费者在接受茅台的强文化表述之后，愿意以更高的价格购买茅台酒，这就是对茅台酒的额外价值的认同。

茅台文化溢价的逻辑是怎么形成的？要想回答这个问题，还是要回到茅台和茅台文化本身。

对消费者来说，只有文化价值所造成的产品高价格是可以接受的，才能产生文化溢价。比如，玉石作为一种独特的文化象征，代表着东方式的含蓄审美，更连接着传统文化中的君子

文化，拥有美玉就如同拥有君子的品格。玉石因为这个文化价值，深受消费者和收藏圈的追捧。○

茅台文化能产生溢价的关键，在于文化、人、产品三者之间形成了紧密的关系并产生了影响。茅台文化溢价的浅层原因是茅台挖掘历史的能力极强，所产生的强文化表述对消费者产生了文化说服力，但其深层原因，是茅台酒连接了中国人的性格。

茅台文化之所以能打动中国人，根本原因不在于茅台文化的强大，而在于茅台酒契合了中国人的精神生活、文化需求。文化是属于人的，文化并不能脱离人而单独存在，文化的影响归根到底，还是要反映在人的身上。

为什么大家都那么认可茅台文化？首先还是因为认可茅台酒。茅台酒的性格，就像中国人的性格。中国人不喜欢直接，喝酒也是一样的。有些人不喜欢直白的东西，喜欢雅致的，喜欢历史悠久的，喜欢博大精深的，而不是一眼看透的。因为在中国人眼中，单一的酒没意思。我们喜欢的酒是有意思的酒，是回味无穷的酒。茅台酒，就是这样的酒。

茅台酒喝起来荡气回肠，既层次分明，又悠长圆润，喝完以后琢磨两天，还有那种意犹未尽的感觉。

中国人讲求余味定输赢，最喜欢的就是茅台酒这样饱和、

○ 周麟欣，马英杰. 论文化产品的溢价控制 [J]. 黑河学刊，2015, 219(9).

中庸的，但是又有东方韵味的审美格调。

既有农耕文明的养分，又有河谷文明的滋润，更有传统手工的人情，茅台酒中有中国人走过的文化之旅。中国人之所以喜欢喝茅台酒，是因为中国人就是这么来的。在茅台酒的调性中，有中国人的文化喜好和品格。

柳宗元曾说"美不自美，因人而彰"，这句话可以用于表达中国人对茅台酒的感受。经过人的品鉴、感受、领悟和体验，茅台酒的美和格调被充分释放出来。一方面，茅台酒的意蕴是中国人性格的彰显；另一方面，中国人的性格也照亮了茅台酒。从这个意义上说，酒和人的相互作用是永无止境的。

所以茅台产生文化溢价的根本原因，是茅台酒连接了中国人的心。从文化的根源上，中国人就认同茅台。酒与人相互交融，茅台满足了消费者心中的文化需求。为了满足这种需求，消费者愿意消费茅台酒。

消费者在文化的影响下，为满足自己文化需求而做出偏好性消费，是文化溢价的基本逻辑。文化溢价在市场竞争中，表现为一种高于其他竞争对手的定价能力，具有一定的垄断性。茅台酒的市场价格一骑绝尘，稳坐高端白酒头把交椅，就是茅台文化溢价的外在表现。

但茅台文化的溢价绝不仅仅表现在价格上，还体现在茅台酒价值的不断提升上。茅台酒的价值，从来不是固定不变的，而是在消费者与茅台酒的互动过程中不断变化的。茅台在不断推出生肖酒、纪念酒等产品的过程中，消费者通过市场反馈，助推了茅台的文化溢价，使茅台的文化溢价能力更上一层楼。纵观白酒行业，往往其他酒企的文化溢价能力难以与茅台相提并论。文化力是茅台独具特色的竞争优势，亦构筑了茅台宽阔的护城河。

04

茅台大文化生态体系

文化不仅是输入和输出，更是共创、共建、共享，这是茅台文化传播的基本理念，也是茅台文化生态共同体的文化共识。茅台文化生态共同体，是基于"共"的理念进行茅台文化传播，从而形成的一个良性循环的大文化生态体系。

茅台共创、共建、共享的大文化生态体系，不是一个封闭的概念，而是一个开放的概念。茅台大文化生态体系，大至成千上万人的群体，小到一句话甚至是一个字符。只要在创造、建设和传播茅台文化的，只要在为茅台文化的传递添柴加火的，都能被吸纳进茅台文化生态共同体之中。

茅台文化的传播是大而活的动态形式，传播中有创造，创造中亦有传播。茅台文化不断丰富和生长，才能保持生机蓬勃的状态，传递到每个人心中。

茅台文化生态共同体

共创、共建、共享

当茅台厂区的广播响起时，以厂为家的茅台人便动起来了，这是二十世纪七八十年代茅台酒厂的寻常景象。那时候，茅台人都住在厂里，家就是厂，厂就是家，两者紧密地连接在一起。茅台人每天既在酿酒，又在传承着茅台的文化。茅台人是茅台文化的源头，也是茅台大文化生态体系的基本组成部分。

在茅台外部，一些人片面地认为：茅台文化力都已经如此强大了，不需要再做文化传播了。但我们通过大量的采访发现，茅台不仅专注于文化传播，还形成了一个扩散式的网状文化传播体系，也就是文化生态共同体。

什么是文化生态？从学理性看，文化生态是指文化在一定的环境下生存和发展的状态，是文化设施、内容、活动、方式、品位、境界、风尚等各个方面的综合体现，是文化与文化

发展的外在环境相互联系、相互作用的集中反映。[一]

茅台文化生态,也就是茅台文化各部分、各方面的集合。茅台文化各部分和各方面之间的联结不是无序的,它们共同构成了大文化生态体系的理想构架,即共创、共建、共享的文化生态共同体。具体而言,茅台文化生态共同体主要包括两大系统共六大渠道。两大系统即文化内生系统和外部环境系统。文化内生系统包括茅台人本身、茅台内部文化体系和经销商三大内部传播渠道;外部环境系统包括媒体、消费者,以及外围的艺术家学者、第三方机构和地方民众等三大外部传播渠道。

内外系统联动,共生共存;六大渠道配合,同心同向。茅台文化生态共同体是文化内生系统与外部环境系统有机融合的系统工程,既有文化内生系统的能量释放,也有外部环境系统传播阵地的建设。

茅台文化生态共同体是一盘棋思想,两大系统、六大渠道,有着共同的目标。基于"文化不仅是输入和输出,更是共创、共建、共享"的共识,茅台文化生态共同体实现了良好的循环和运作。

在共同体意识下,茅台文化的传播也不是单向的,而是整个生态多向传递的结果。茅台文化生态共同体的各个部分,都是茅台文化的创造者、建设者和共享者。文化传播在"六位一体"

[一] 王离湘.文化生态建设的时代价值与路径[N].河北日报,2014-05-26.

的总体布局之中来考量，人人都能参与文化探讨和建设，而不是闭门造车。大茅台，往大了说，包括茅台的经销商；再往大，也可以囊括茅粉；更大的甚至可以包括所有关心茅台的人。

当一个人在聚会时谈论茅台酒、讲茅台故事的时候，他就是茅台文化的传播者；茅台镇的任何一个人，不管他对茅台了解多少，当他与别人谈起茅台时，他就是茅台文化的建设者。

茅台文化的传播格局开阔，眼界长远。只要是在茅台形象存在的地方，就有文化的传播。文化传播不是简单的单行道，而是交错的蜘蛛网。基于此，茅台文化才能传递至每一个人心底。

文化在传播中得到了丰富和扩展，因此生生不息。每个听说过茅台的人，都是茅台文化的丰富者和传播者。他们关于茅台的一个动作、一句话、一个评价，都能扩大茅台文化的影响力。

比如茅台的经销商，就是茅台文化的创造者和传播者。经销商将茅台文化与地域文化对接，拓宽了文化的外延，丰富了文化的内容。消费者也一样，其对于文化传播的力量不容小觑。在传播学中，一对一的信息传递是传播效果最好的方式。口口相传的传播乍看原始，却极具效力。根据六度分隔理论，一个人最多通过六个人就能够认识地球上的任何一个陌生人。这体现了人际传播的巨大能量。人际传播看似微小，却有四两拨千斤之效。并且只有调动了个体的积极性，才有共创、共

建、共享的概念，才能形成文化生态共同体，形成独特的强大引力。

通过文化的建设和传播，文化生态共同体为茅台酒增加了文化价值，进而带动了酒的经济价值。每一个传递茅台文化的群体，既创造着文化的价值，又能从文化中受益，这是一个相互影响的关系。可见的收益如经济回报，不可见的收益如精神满足感，都是茅台文化生态共同体得以进行良性循环的润滑剂。扮演着神经末梢角色的消费者，通过传播茅台文化，获得了传递文化的成就感。

共创、共建、共享，拓宽了茅台文化的边际，也让茅台文化与时俱进。在整个文化生态共同体的良性循环中，茅台的文化是一片充满生机、波澜起伏的海洋，而不是一潭死水。正如地球生态系统中的森林、海洋、沙漠中都蕴藏着动态元素一样，内外系统的大活跃，也增强了茅台文化的生命力和成长力。整体中的部分在不断进化，整个文化生态共同体也会随之进化。

茅台的文化体系是完整、多元、包容万千的，我们所能接触到的只是体系中极少的一部分。这一文化体系在整个白酒行业之中，也具有独特性、引领性。

茅台文化生态共同体，破除了人们认为文化传播即文化输出的误解，为行业内其他酒企乃至于中国其他企业创建文化传播体系提供了新的方法和思路。文化不只是输出，而是共创、共建、共享的传播理念，在茅台内外都得到了良性循环，成为茅台文化生生不息、枝繁叶茂的源泉。

茅台文化传播的大生态

两大系统、六个渠道，茅台文化的传播之路充满生机。如同大江一路东流，吸纳沿途的支流，入海时成就滔滔气势，茅台文化也在各种渠道中锻造出了气魄，让消费者留下了深刻记忆。

茅台文化生态共同体，由内外两大系统构成。茅台文化内生系统是茅台文化传播的基础，其包括的三大传播渠道站在文化传播的内向视角，各渠道间相互协调、相互促进，推动了茅台文化传播层层演进。而茅台外部环境系统，则站在茅台外部传播茅台，在更大范围内扩大了茅台文化的影响力。

内外两大系统，释放了茅台文化传播的能量，共同构成了茅台文化的生态之林。

茅台文化传播是由内而外的。文化内生系统，是整个传播循环的"底座"。文化由人创造和传播，追溯茅台文化核心的创造者和传播者，答案一定会落到三个字上：茅台人。

茅台人是茅台文化的源头和根本。他们对于脚下土地的热爱，对于肩上责任的担当和传承，让他们成为茅台文化传承和传播的主体。另外，茅台人还酿造着茅台文化的物质载体——

茅台酒。茅台人世代秉持精益求精的工匠精神，处处遵循精细化的操作与管理原则，从源头上确保了茅台酒的上乘品质。茅台酒是茅台文化最重要的传播载体和体验载体，正是依托品质上乘的各系列美酒，茅台文化的深刻内涵与独特精神才得以广泛传播。

人为文化之本，文化的核心是人。在茅台人之外，茅台文化内生系统的另一大渠道是企业内部的文化传播体系。茅台集团有着丰富的文化传播阵地和展现窗口。中国酒文化城、茅酒之源、厂区中的老制曲车间、老酒库等"文物"都是展现茅台文化的重要窗口。融媒体中心、电视台、报纸、杂志等传播方式，属于茅台文化传播的阵地。另外，从集团到子公司，再到茅台研究院等智库团体，茅台还设立了成系统的文化机构，一方面管理内部的文化传播窗口和阵地，另一方面站在统筹对外传播茅台文化的位置上工作。

茅台也有站在内部向外界发声和展现文化底蕴的方式，但是这些传播方式与消费者仍有一定距离。离消费者最近的传播渠道是经销商渠道。经销商对于茅台文化的传播有着不可替代的作用，他们既是茅台酒来到消费者手中的最后一道关卡，又深刻塑造着茅台的消费美学。

放眼白酒行业，茅台的经销商更具有文化气质，更会做文化传播。从"卖酒"到"卖文化"的战略转变开始，经销商就与茅台集团站在了同一高度。他们没有简单地把文化作为拓展市场的辅助手段和工具，而是将文化作为茅台文化传播和营销的主力军。他们对于消费升级有着敏锐的判断，深知文化传播的力量大于产品传播，所以愿意花费大量心血进行文化建设，比如举办品鉴会，设立茅台文化体验馆等。他们是茅台内生文化系统之中完美的收尾者。

除了文化内生系统，外部传播茅台文化的系统同样重要。文化内生系统的主要着力点在于关注茅台的人，并没有覆盖所有人。而外部环境系统覆盖的对象更多，传播范围也更大。媒体就是茅台文化传播的外部环境系统的一个主要渠道。

媒体的力量是一对多甚至一对N的，它对于文化传播有"放大镜"的作用。茅台主张大传播策略，善于利用媒体进行文化宣传，反复传播茅台的基础文化和衍生内容，并且在传播过程中构建巨量的内容体系。茅台的媒体传播如同其企业气质，是独特的。茅台并非采用无孔不入的渗透模式，相反，茅台的传播很克制，宣传总体基调是理念大于产品，符合茅台品牌的调性。除了茅台核心理念，茅台还着重借助媒体展现自身积极承担社会责任的形象，传递茅台的温度。

除了媒体的聚光灯，消费者也是茅台文化传播的一大关键渠道。消费者是茅台文化的共建者和维护者，在一个个的社交场景中，消费者将茅台文化通过人际关系传递了出去。与媒体传播的大动脉作用相比，消费者之间的口口相传，就是传播茅台文化的毛细血管，虽然纤细，但有着不可替代的重要作用。

外部环境系统中还有一个重要的部分，就是文化生态协作

力量。文化生态协作力量包括艺术家、学者、第三方机构及地方民众,我们把他们统称为"第六人"。"第六人"是相对于茅台文化传播的第六大渠道,这个渠道宽而无边界,极大地增加了茅台文化辐射的广度和深度。

不管是从内外系统来看,还是从六大渠道分析,茅台文化传播的大生态,都动员了各方力量,汇集了各方智慧。茅台自身、上下游、相关方、消费者,生态中的各个部分,都有向"茅台身份"靠拢的自觉。所以从各个方向传来的茅台声音,才能凝聚文化的广泛认同,才能形成可以进行良性循环的大文化生态。茅台文化传播的大生态是一个集合,少了任何一个部分,都不能构成健康、完整的茅台大文化生态。

茅台文化内生系统

天生茅台人：茅台文化的源头与根本

深入茅台集团采访调研期间，我们发现，所有茅台人在传递茅台文化时都很自信。他们对于茅台的历史如数家珍，甚至他们自己都已成为茅台文化的一部分。

茅台人是茅台文化的源头与根本。他们是茅台文化创造和传播的核心，没有他们，一切茅台文化传播都是无源之水、无本之木。

茅台独特的地域文化造就了独特的茅台人。河谷、山川、草木、乡情，连接着茅台人和他们脚下的土地。因此，他们在创造和传播文化时，总是带着内心的热忱。

正如继承和创新的关系一样，茅台人创造和传播文化的前提，也是对文化的传承。所以看今天茅台文化的传播，不应该只看当下，文化是一个积累的过程，历代茅台人都为今天的

茅台文化之树浇灌了汗水。特别是茅台人对于工艺、品质的坚守，年年岁岁始终如一，由此才铸就了茅台文化牢固的根基：茅台酒。他们首先酿造这瓶酒，打造酒里的文化，然后才是传递酒里的文化。

茅台文化的传播可以比喻为油画创作。油画是一层一层的颜料堆叠起来的，因此画面才有质感。茅台人在传播茅台文化的过程中所扮演的，就是质感的第一层，是首笔。

因为茅台有这些具有独特性格和品质的茅台人，才得以形成先进的茅台文化。从茅台建厂到如今，在这几十年的历程当中，茅台人把当地的酿酒历史，包括茅台品牌自身发展的历史，上升到文化的高度。慢慢地从无到有，建立了自身完整的企业文化理念体系，并且不断地贯彻、落实这些文化理念，让文化成为茅台品牌的核心竞争力之一。所以说，茅台人是茅台文化传播的核心。

茅台人对茅台文化的情感很独特。家国情怀在茅台人心里占比很重，他们以厂为家，小家和大家对于他们都重要非凡。在茅台建厂初期，员工几乎都是本地人，酿酒的手艺祖祖辈辈代代相传。这种独特的代际传递与茅台人的坚持和坚守有极大的关系。正是在这种地缘文化的基础上，茅台人对于文化才有深度的传承和广泛的传播。

茅台人给人的第一印象，是很自信。我们在采访中，就听到他们声音洪亮，看到他们眼神坚定，感受到他们有强烈的茅台信念。

茅台人为什么这么自信？他们的自信首先来自这瓶酒。对于酒的品质、口感，他们能拍着胸脯做保证。在他们的言语间，总是离不了茅台的工艺、品质和品牌。他们最想传递的，也是这些文化信息。对工艺的传承、对质量的坚守、对品牌的维护，已经融入了他们的骨血，一代一代延续至今。所以茅台人坚守品质，其实就是对茅台文化最好的传递。

因为自信，茅台人敢于说，乐于说，底气十足，并且产生了一种由衷的自豪感。茅台这个品牌，是民族的优秀品牌，每一个茅台人都以茅台为荣。茅台文化底蕴深厚，也在历史上真正地辉煌过，因此传播茅台文化，能让他们产生强烈的身份认同感和成就感。

中国酒文化城的一名讲解员给我们分享了一个故事：她在西安读大学时，向同学们介绍自己是贵州仁怀人，同学们对这个地名很陌生，但是一提到贵州茅台，他们几乎都知道。茅台镇因酒而闻名，茅台人也因酒而自豪。

茅台作为一个大企业，也有其担当与责任感，在基础设施建设、捐资助学、脱贫攻坚上都献力颇多。这种责任和担当也在无形之中感染着茅台人，影响着他们的价值观，茅台人也会主动在工作之外展现茅台的良好形象，传播茅台文化。

在自觉展示茅台文化时，茅台人也受到了茅台文化的影响。茅台文化是开放包容的，有海纳百川的胸怀，茅台人在传播文化时同样如此。

茅台人在传播茅台文化时，虽然自信，却并不张扬。相反，茅台人始终保持着难得的柔和谦逊。一位在茅台集团工会工作了十年的茅台人说，他在和朋友聚会时，谈起茅台，虽然对方对茅台的形象存在误解，但他也并未与之有过多的纠缠和争执。因为他相信，时间会沉淀一切，在这个过程中，应该接受和容纳不同的声音。

这就是茅台和茅台人的胸怀。无形中，这也完成了对茅台文化的传播。茅台人善良而本分、豁达、友善、不计较、无为而为，正如茅台文化求同存异、美美与共一样。茅台首先专注做好自己的事情，再持包容、开放的态度，牵手其他酒业伙伴，接纳其他文化。用这种风范和气度带领人们了解"百花齐放春满园"的中国酒文化，不知不觉中，也能吸引人去了解酱香酒，了解茅台。茅台的这种竞合理念，潜移默化地传递到了每一个茅台人的心中，因此茅台人也将竞合理念外化于行动，展现出茅台的风范和气度、眼界和胸怀。

茅台人传承着茅台文化，传播着茅台文化，也丰富着茅台文化。茅台人使得茅台文化与时俱进，不断呈现出多样的形态。茅台和茅台人一样，都具有清醒的意识、正确的定位和广阔的视野，这是一种良性循环。茅台酒的品质越好，越在重大活动中担纲，就越能够激发茅台人的自豪感、荣誉感和为国奉献之心，进而激发他们的责任感，如此循环往复，今日更胜昨日。

茅台人就像茅台的圆心，只有存在圆心，才能向外扩散。茅台酒厂里的前辈在几十年中打造出了茅台自有的文化，后进的茅台人受到文化熏陶之后也在为茅台文化体系添砖加瓦。时代在更替，茅台人也在更新体系的同时不断传播茅台文化，这是一种自觉、自发的传播，是传播文化的最大意义、最高境界。

文化体系：文化传播的窗口和矩阵

茅台人是茅台文化内生系统的源头和根本。由源头出发，茅台文化的传播终成大流。茅台人不仅作为个体在自发地传递文化，更融入了整个集团的体系当中，形成了更为宏观的文化传播气象。

茅台集团内部形成的文化体系，是上下协调、内外兼修的，好似一个乾坤，内含无限玄机，生万物又容万物。茅台的文化传播体系主要分为两块：窗口和矩阵。窗口指中国酒文化城、茅酒之源及厂区等可以展示的"文物"和可供参观的环境；矩阵则包括报刊、茅台电视台及融媒体中心。窗口和矩阵就是茅台乾坤的两卦。

文化传播的窗口

在茅台集团中，有一句话广为人知：集团内有一个"两口之家"。两口，其实说的就是两个文化传播的窗口。一个是包装车间，它既是茅台酒出厂的最后一个关口，又是可以参观和对外宣传展示的一个窗口；另外一个指的就是中国酒文化城（见图4-1），它是茅台文化传播名副其实的窗口。

图4-1 中国酒文化城建筑一景

中国酒文化城在传播茅台文化的过程中，起着不可替代的作用。1994年，邹开良书记就曾提到中国酒文化城修建的初衷，"客人到茅台来，缺少一个可以全面了解茅台的地方"。由此，中国酒文化城建立了起来，成为传播茅台文化的一个重要窗口。通过中国酒文化城，对茅台历史和文化进行集中展示，来茅台的客商就有地方参观并能直观感受茅台文化。

当然，中国酒文化城一开始的定位就不局限于茅台，而是放眼整个中国的酒文化和历史，既有远见，又有胸怀。

在各个展馆内，对于中国酒文化有高度概括性的介绍，这为白酒爱好者提供了一个了解中国酒文化的圣地和一个全面接触茅台文化的基地。对茅台本身来说，中国酒文化城着重宣传的是茅台的工艺和历史，其中包括茅台与外交、茅台和国家领导的故事，还有茅台的产品和设计，整体是一个从看到品全方位的接触过程。

万国博览会金奖、三茅传奇、家国风云、茅台酒复杂的工艺等关键的文化信息，都在展馆内通过文字、图片、视频、模型等方式展示了出来。

"清咸丰初年，黔北一带发生农民起义，仁怀县深受兵灾之苦，茅台村几成废墟，众多烧房都毁于战乱，茅台酒的生产一度中断。清同治一年（1862年），华联辉在茅台镇买下了战乱中被夷为平地的酿酒作坊，在原址上开工重建，定名'成裕烧房'世称'华茅'。"这是一段介绍华茅历史起源的讲解词。在文物展示的基础上，辅以讲解员生动翔实的讲解，参观者对于茅台文化就有了更深刻的感受。

讲解词是传播茅台文化的重要载体。除了一般叙事性的讲解，文化城的讲解员还通过创新，摸索出了快板形式的讲解词。比如"竹板一打啪啪响，各位仔细听我讲：中华文化永不朽，说说咱的茅台酒。茅台品质世人赞，酒的故事说不完"这样的讲解形式，就能让参观者更感兴趣。而将茅台复杂的工艺流程，用快板的形式讲出来也会更具趣味性："源远流长此塑像，听我来把工艺讲。形体各异五个人，代表工艺五部分。最右边这工序，工人这是忙踩曲，酒曲制作是基础，酿酒当中称酵母。接着一年来酿酒，下沙重阳九月九，八次摊晾九蒸煮，共分七次来取酒。中间一个是贮藏，贮藏三年没商量，第四个，是勾兑，酸涩香甜来调味，不加酒精和调料，贮藏一年再包

装。一瓶普通茅台酒，五年出厂才足够。周期长，产量少，道理在此见分晓！"

形式多变、生动有趣的讲解让"死"的文物和资料变得"活"起来。跟随讲解员走一遍中国酒文化城，就能了解半部茅台史。对喜爱茅台的人而言，中国酒文化城是不容错过的一站。

中国酒文化城的修建，是文化传播的一个节点工程，它是茅台文化的载体，在传播茅台文化中作用繁多。中国酒文化城首先具有窗口作用，对外集中展示了茅台的文化和形象。图片、视频、雕塑等生动的形式（见图4-2），将文化从无形化为有形，看得见、听得见、感受得到的展览展示，让参观者能够亲身感受到茅台文化的魅力。

图4-2 中国酒文化城内展示茅台工艺的模型

除了窗口作用，中国酒文化城还具有跨界作用，它不仅是目前世界上规模最大的酒文化博览馆之一，还是4A级旅游景区、全国工业旅游示范点、贵州省爱国主义教育基地及遵义市研学实践教育基地，能有效地向普通民众、旅游者、学生传递茅台文化，并使其深受茅台文化的感染。

中国酒文化城的一个重要的定位就是中国酒文化的传播者和影响者，对来到文化城的参观者产生影响。参观者在参观中接受正向的引导，他们自然就会对茅台产生正向的情绪。

所以作为一个可以集中了解茅台历史文化的地方，中国酒文化城是茅台向外界传播文化的重要基地。2019年，中国酒文化城接待了游客46万人，意味着直接向46万人宣传了茅台文化，更是直接影响了46万人对茅台的认知，当然，其间接影响远远不止这些。

中国酒文化城从原材料、生产工艺和实物产品这三个方面，详细展示了茅台酒作为中国白酒文化活化石的地位。中国酒文化城的一大定位是茅台文化的展示和宣传平台，是旅游接待和消费体验的场所，同时也是茅台集团投资修建的文化配套企业。

从2013年到2017年，白酒行业处于低谷，茅台为了在困境中突围，将中国酒文化城作为突围的措施之一，不断创新业态。2013年8月，茅台在中国酒文化城中开设了文旅游客服务中心，专卖店、品鉴中心陆续诞生，在这里，游客花29元就可

以买到一杯茅台酒，品尝茅台酒的独特风味，感受茅台文化。

茅台还根据游客具体的差异性需求，在品鉴中心推出了个性化定制酒和鸡尾酒。定制酒是为了满足客户的纪念性需求，能让他们有专属于自己的一瓶酒而推出的产品；鸡尾酒是顺应年轻人喜好，应时代新潮流而推出的产品。这些新业态都是茅台文化配套的业态，其目的是在行业低谷时期增加流量，拉动消费，客观上也推动了茅台文化的传播。

中国酒文化城是文旅融合的典范，游客通过参观文化城可以了解旅游文化，茅台也通过这样一个空间，把产品的推荐做了一体化的升级。

除了中国酒文化城，茅酒之源也是展示茅台文化的窗口。顾名思义，茅酒之源，就是茅台酒的发源之地，即茅台酒的"第一车间"。茅酒之源，是茅台酒厂的前身，华茅、赖茅、王茅这三个酒坊的生产旧址就在此处。因此，茅酒之源也是展示茅台文化的重要文物。

1985年，茅台酒厂在成义烧房的原址上改建了制酒一车间生产房，该建筑体为砖石结构台梁式小青瓦顶仿古建筑，大门上刻有"茅酒之源"四个大字，面积约450平方米。使用的窖池都是在成义烧房的窖池基础上扩建的，在生产空地上还有原烧房窖池遗迹。

生产车间后面，是原成义烧房生产茅台酒时取水用的杨柳湾古水井。茅台陆续扩建和新修的各类代表性酿酒厂房等基础设施共10处。这10处不同时期的设施占地累计20余亩,以工业建筑及附属物为载体,含踩曲房、粮仓、曲药房、石磨房、酒库、窖池、烤酒房、古井等一套完备的酿酒工业体系。其中,部分设施至今仍发挥着重要的生产作用,整体保存完好。

茅酒之源历经百余年,但生产从未中断,被视为茅台酒生产源头的精神象征。在三茅争锋时期,茅酒之源一带比较繁华,除了酒坊,还有石磨坊、马店、制坛店等店铺。2012年,茅台集团升级打造"茅酒之源"旅游景观景点时,对石磨坊、马店等建筑也进行了复原。青砖地、木质结构的房屋跟随山势错落地排列两边,行走其间,仿佛穿越回了百年之前。

茅台依托原状保留茅酒之源建筑,充分挖掘并提炼了与茅台酒起源相关的元素和历史故事。此外,茅酒之源还充分利用周边空地,重点恢复成义烧房、荣和烧房、恒兴烧房的旧貌,集中展示茅台酒制酒、窖藏、调酒等古老的工艺流程,将文化展示与游客体验相结合,打造了酒旅融合的新典范。

茅酒之源和茅台老酒库、老制曲车间等十处构成的茅台酒酿酒工业遗产群,都是茅台历史文化无言的发声者。穿过历史长河,人们能从它们斑驳发旧的墙面和砖瓦上,体味茅台酒的悠久历史。

中国酒文化城、茅酒之源、老厂区等"文物"作用的发挥,与旅游有着密切联系。旅游的一大作用,就是让游客了解不同的风土习俗,也就是传播文化。依托旅游,茅台酒厂中的

新包装车间、制酒二车间等部分生产车间，也成为对外传播茅台文化的重要窗口。游客可以通过茅台文化传播的窗口，窥斑见豹，看见茅台文化的全貌。

文化传播之矩阵

茅台文化体系乾坤中的一半是窗口，另一半则是矩阵，矩阵包括传播的平台、媒介，如广播电视台、报纸、官网和新媒体渠道。

茅台文化传播的矩阵与窗口不同，窗口更多是依靠实物去传播茅台文化的，而矩阵则是站在茅台的角度去传播茅台文化的。

对于传播矩阵的搭建，茅台经历了一个从点到面、从简单到复杂的过程。不同的时代，茅台对于传播渠道的部署亦有不同侧重点。

二十世纪八九十年代，白酒行业拉开市场化大幕，酒企从此走上对外传播企业形象的道路。报纸作为当时风头无两的传播媒介，是布局传播渠道的重点方向。茅台的企业报纸创刊于1986年10月，创刊之初名为《茅台酒报》，后来经过了多次改名，现在名为《茅台时讯》。三十多年时间，《茅台时讯》从月报、半月报发展到周报，所记载的茅台信息越来越丰富。对内部来说，它是厂情厂史的重要载体；对外部而言，它亦是宣传茅台形象的一大"利器"。

特别是每期报纸出刊后，茅台都会把报纸寄送给全国经销商、供应商及兄弟企业，让相关企业和人士都及时了解茅台集团运营的实时状况。

企业报纸创刊后不久，广播电视媒体开始盛行，茅台紧跟形势，于20世纪90年代建成广播电视台，并将其作为主要部门之一来抓，打造了《茅台新闻》《漫步茅台文化》《茅台故事》《品味茅台》等十几档自办的电视、广播节目。这些节目在当时是传播茅台文化的有利渠道，向外界传递了茅台的品牌和发展动态。虽然后来未能继续开办，但它们亦在传播历程中完成了自己的使命。

在报纸和广播电视台的基础上，茅台传播矩阵继续扩张。尤其是实现从"卖酒"到"卖文化"的转变后，茅台利用了多种方式挖掘和传播茅台文化。与第三方合作《国酒诗刊》《国酒书画》《世界之醉》（见图4-3）等刊物，就是其中的重要文化举措。三本刊物着力点不同，或诗，或画，或文，但三者有一个共同之处，就是通过刊物，将中国酒文化与茅台文化紧紧地绑在了一起。这与茅台当

图4-3 《世界之醉》封面

时的宣传重点紧密结合。

这些刊物内容翔实，形式精美，从封面设计到内页的排版和行文，都着力呈现茅台的文化美学，真正让茅台与艺术融为一体，增强茅台文化的感染力。此外，和企业报纸不同，与第三方合办的刊物不仅传播茅台文化，还涉及书画、雕塑、紫砂艺术、家居艺术等内容，做到了跳出茅台传播茅台，提升了传播的格局。

三本刊物中，《国酒诗刊》公开发行，《国酒书画》和《世界之醉》则是内部赠阅用的刊物，赠阅对象集中于重要的客户群体、重要的机构、知名艺术家等。

受限于内部赠阅的形式，刊物虽然是茅台文化传播的重要形式，但影响范围有限。又因为刊物有独特的宣传定位，所以当企业的宣传重点变化后，传播矩阵的重心也发生了转移。

新时代来临，新潮流在冲击着现有事物，媒体的融合、新媒体的茁壮是一大趋势。在茅台集团"文化扬企"战略的引领下，茅台将传统媒体与新兴媒体深度融合，创新了茅台的宣传矩阵，让世界能够随时感知、分享茅台文化。

于是，2019年4月，茅台在《茅台时讯》编委会、茅台广播电视台和信息中心的基础上，正式成立了融媒体中心。

作为一个站在企业内部发声的媒体机构，茅台融媒体中心定位清晰，一共分为外部和内部两个层面：对外树形象，对内鼓干劲。也就是说面对外部，主要树立茅台良好的品牌形象；面对内部，主要起到鼓舞人心的作用。由于定位的双重性，所以融媒体中心更多宣传内部事件和工匠精神。在对外宣传时，也是以内部视角来报道的。

当前，茅台融媒体中心把工作重点放在了新媒体宣传上，主要包括微信公众号运营和微博运营。"两微"之中，又以微信公众号为重。新媒体具有个性化突出、受众选择多、表现形式多样、信息发布实时等新特点，亦具有交互性、全息化等优势。通过一对多、多对多等新的传播模式，能让茅台外部宣传在年轻人群中实现更精准的投放。

新媒体传播很容易产生爆款，但茅台融媒体中心的文化传播有其定力。不追社会热点，不刻意迎合受众，不过分在意流量，融媒体中心所有的传播都立足于展示真正的茅台，传递最本真的茅台文化。

行业内的一些企业内部媒体会主动对受众进行客户分析、产品分析和复盘，茅台融媒体中心每个季度也会做分析，但更多的是利用市场上的爆款来契合茅台想报道的题材，两相结合进行策划，并不会为爆而爆，为流量而流量。

这与茅台对卓越品质的追求和坚持一脉相承。因为酒的品质过硬，茅台才获得了消费者从始至终的认可，所以在对外传播时，只需要展示原汁原味的茅台文化，而不需要太多装饰物。

茅台一直在做有品质的文化传播。例如，融媒体中心曾出

过一个《一瓶茅台酒的2 628 000分钟》的视频，文案配的是："5年，是多长的时间，你有感觉吗？5年，一棵树苗，可以长成大树，5年，一栋摩天大楼，可以在空地上建成；5年，一艘宇宙飞船，可以从地球飞到木星。酿造一瓶茅台酒至少需要5年，这是真的吗？"

问题抛出后，视频做出了解答。茅台酒生产要经历30道工序、165个工艺环节。从原料进厂开始，一瓶茅台酒的时间轴就开始递进。磨碎小麦，制曲，发酵，拆曲，破碎高粱，润粮……视频把茅台酒的制作过程一一拆解开来，讲述了一瓶茅台酒从投料到出厂经历的2 628 000分钟，也就是5年时间。

这个视频引起了很大的反响。对茅台而言，这属于意外的收获。但是一切的根基都来自对有品质的文化传播的坚守。

茅台文化内生系统里有展现文化的窗口和矩阵，同时还有智囊团体，他们为茅台内部出谋划策，传播茅台文化。在这个智囊团体之中，有余华、马未都等文化界的知名人士，也有吴晓波、任泽平等经济学界的大咖。除此之外，茅台集团和各子公司都设有成体系的文化机构，管理着传播的窗口和矩阵。

除了一般意义上的矩阵和窗口，茅台还打造了一个传播茅台文化的新方式——"茅粉节"。2017年，茅台邀请上千名茅台酒消费者齐聚茅台镇，举办了第一届全球"茅粉节"开幕式。后来，茅台还在不同的城市、区域，举办了多场"茅粉节"活动。"茅粉节"上形式各样的文化体验活动，既展示出茅台的产品、品牌和企业形象，又拉近了消费者与茅台文化的距离。对茅台而言，"茅粉节"是独具茅台特色的文化品牌。以文会友，"茅粉节"的互动活动，既助推了茅台文化的软性传播，又增加了消费者与茅台产品、品牌的黏性，促进了消费者和茅台文化的融合和延续。

"茅粉节"在文化传播之外，还促成了独属茅台的文化和圈层。实际上，新的消费时代，要赢得品牌战争，需要一群拥趸者，一群忠诚于产品并认同企业文化与价值观的粉丝，这是核心消费者的争夺之战。从文化入手，"茅粉节"的最终目的是用文化影响消费者内心，占领消费者心智。一旦与消费者达成文化共识，茅台酒就真的不只是"酒"了。

每一次开展重大的"茅粉节"活动，杂志、报纸、新媒体等传播矩阵都会进行宣传，文化窗口也会进行适当的展示。茅台文化体系，其实是一个大传播的概念。每一个部分都不是独立的，而是整个体系中的一环，环环相扣，以此打通了茅台文化传播的经络，形成整体的良性循环。

超级经销商：消费美学的探索者

沙龙、读书会、音乐分享会……定向文化活动层出不穷，茅台经销商是白酒行业中当之无愧的"文化先锋"。作为直接接触消费者的一端，经销商在茅台文化内生系统中，起着无可替代的作用。

经销商是自发举旗的人，他们举起的旗帜中除了传统营销旗帜，还有科技营销旗帜和文化营销旗帜。不同于其他酒企，茅台的经销商不只用商品来占领传统市场，他们还愿意用文化来深入市场，做茅台文化的传播者和消费美学的探索者。

经销商传播茅台文化，带有自发性。他们是茅台文化生态共同体中的重要一环。没有他们，茅台就缺失了一条触达消费者的有效渠道。

从"卖酒"到"卖文化"的转变开始，茅台经销商就跟上企业的脚步，不断进行文化活动的尝试。尤其到文化茅台战略提出后，经销商更是将文化作为"主战场"，迅速在品牌文化、历史传播上狠下功夫，实现了从品牌代理商到文化服务商的跨越。

茅台经销商打的"文化牌"形式丰富，有品鉴会、走进文化体验馆、茅粉俱乐部等。在贵州本地，经销商开展了以"香遇茅台·一鉴倾心"为主题的茅台酒品鉴会。在品鉴会上，嘉宾通过宣传片直观了解酿造茅台酒的工艺及环境，品鉴讲师现场讲解了茅台酒风味的特点，并分享了如何正确品鉴茅台酒。此外，大厨还在现场用茅台酒烹饪盐焗深海海螺，让嘉宾体验佳酿与美食的碰撞。参加活动的嘉宾，通过眼耳口鼻舌的多元化体验，对茅台文化有了更深的理解。

茅台经销商遍布全国各地，在传递茅台文化的过程中，经销商还将茅台文化与地域文化进行了对接。

比如，根据不同的地域文化特色，经销商会开展具有差异化的品鉴会。内蒙古呼和浩特的经销商，结合蒙元文化开展了以"韶华——致奋斗不息的青春"为主题的品鉴会活动。活动准备了茅台鸡尾酒、茅台冰激凌、茅台糕点、当地特色马头琴演奏与"诈马宴"，让内蒙古茅粉感受茅台酒的包容性与适应性。

而在彩云之南，经销商则举办了带有南国风情的品鉴会。昆明举办的主题品鉴会，邀请了云南多个行业40余名青年才俊，与贵州茅台云南百年老店传承人相聚翠湖之畔，共同品道茅台。主持人介绍了茅台得天独厚的自然环境及独特的酿造工艺，嘉宾通过观色、闻香、品味，细品了茅台酒的独特韵味。在品鉴会上，经销商还准备了特色原生态非物质文化表演节目，展现茅台品牌文化和地域特色文化的有机融合。云南茅台经销商通过品鉴会增进了与茅粉的友谊，让民族品牌和区域文化有机融合在一起，推动了茅台文化的传播。

茅台虽然定下了大的文化基调，但很多具体的文化传播活动，都是由经销商主导策划的。茅台经销商的自发性很强，特别是在自发投资修建茅台文化体验馆、体验中心上，有巧思又有新意。

比如上海经销商，就将茅台文化与海派文化结合在一起，修建了品位独特的茅台文化体验馆。体验馆内，供人品尝茅台的吧台上摆放着留声机，让人仿佛回到了老上海。这种带有复古风情的体验馆，能给人非常惬意的体验，同时还成了别具风

情的拍照打卡地,吸引众多年轻人来品尝茅台。茅台新形象的塑造和海派文化历史底蕴的融合碰撞,对于茅台文化的传播大有裨益。面对的消费者不同,所在地不同,文化体验馆的风格不同,经销商传播茅台文化的方式也不同。

山东作为孔孟之乡,儒家文化渊源深厚,山东经销商结合茅台文化中"天人合一"的思想,举办了茅台文化与董子思想相结合的文化讲堂。董仲舒"天人合一""天人感应"的观点,正好契合茅台酒生产工艺流程中所遵循的"道法自然"原则。两者结合,天衣无缝,深层次地提升了茅台在山东茅粉心目中的经济价值和精神价值。

对于茅台文化的传播,贵州本土的一个体验馆,即周君礼等人修建的"贵州四汇茅台文化(遵义)体验中心"(简称四汇茅台体验馆)更是优秀典范。四汇茅台体验馆面向大众,面积达2500平方米,有"最本土的茅台文化体验馆""最文创的体验馆"之称。

四汇茅台体验馆有两大撒手锏,一是与新兴科技的融合,二是与饮食文化的结合。与科技的融合可以让人产生新鲜感。据2019年《榜样酒商》栏目对四汇茅台体验馆的报道,在体验馆内,人机交互设备可以和游客互动,使游客通过现代数字技术体味茅台酒韵文化。特别是可以让人通过绘制、签名来DIY专属茅台文化纪念品的"筑梦茅台数字体验一体机",能让游客亲身体验茅台文化,并提升其参与感和文化满足感。

除了科技，与饮食文化的结合是四汇茅台体验馆的另一重头戏。依靠"舌尖上的茅台文化"项目，在2019年，四汇茅台体验馆就已经开发出了"香飘世界""舌尖上的习酒""打破才能有生机"等富有茅台文化内涵的菜品，将茅台文化与饮食文化进行了深度结合。

对消费者而言，当下的消费，已经不是一种单纯的物质消费，而更多是一种体验消费了。四汇茅台体验馆为消费者提供了一种别样的文化体验，传递独特的茅台文化，这是和老一辈卖酒人生意经的最大不同。

在茅台经销商队伍中，贡献新思路的人很多。他们大多是老一辈经销商的第二代，被称为"茅台百年老店传承人"。

"茅台百年老店传承人"是传播茅台文化的主力军。作为茅台文化内生系统的一部分，他们对于茅台文化和价值理念有深刻认同，所以才能将茅台的文化和精神传播给更多消费者。

特别是针对年轻人的文化感染，"茅台百年老店传承人"发挥了挑大梁的作用。新时代到来，得年轻人者得天下，了解年轻人的想法才更能贴近年轻人的需求。

以《山东财经报道》曾记录的辛悦帅的故事为例：辛悦帅的父亲辛克思是茅台的"山东总舵主"，也就是山东省经销商联谊会会长。这个联谊会的成员主要是山东各地的茅台核心经销商，辛克思控股的青岛鑫浩统达糖酒副食品有限公司，则是茅台在青岛的主要经销商之一。

在接手父亲的生意后，辛悦帅开始尝试将更多新潮文化和年轻元素融入其中，比如将茅台酒特有的酱香融合到分子料理中，推出了茅台酒心蛋糕和咖啡。他举办的品酒会上不只有茅台酒，还有意想不到的茅台式美食。

美食之外，辛悦帅将茅台与自己喜欢的赛车运动进行融合，在比赛中给赛车车身喷涂茅台标志，进行创新性的文化传播。他此前成立的汽车俱乐部中，一半的成员都是茅台的忠实酒客。"茅台百年老店传承人"通过各种年轻人易于接触的方式和平台来传播茅台的文化，使茅台能够更广泛地入脑入心。

像辛悦帅一样的二代传承人还有很多。他们在传播茅台文化的同时，还会组织茅粉俱乐部，维护与核心客户的关系。茅粉俱乐部是茅台文化深度传播的一个小圈子，诸如读书会、艺术沙龙等分享活动经常召开，对茅台文化的传递影响深远。

茅台经销商的历史已有四十年左右，他们一直都是整个链条中的关键一环。他们是茅台重要的"文化合伙人"，他们与茅台命运共同，利益共同，一荣俱荣，一损俱损。比较而言，"茅一代"的吃苦耐劳、艰苦奋斗和"茅台百年老店传承人"凝聚创新、活跃个性的特性虽有所不同，但他们都是时代发展中、茅台前进历程中的优秀群体，茅台文化在他们的手中不断向外传播，熠熠生辉，始终如一。

茅台外部环境系统

媒体聚势：大格局下的传播策略

在茅台大文化生态之中，文化内生系统和外部环境系统共生共存，相互配合，推动着茅台文化的传播。文化内生系统主要是茅台内部有方向的传播体系，而在茅台之外传播茅台文化的外部环境系统，受众范围更为广泛。大众媒体传播，就是扩散茅台文化的一大重要外部力量。

提到茅台的媒体宣传，最耳熟能详的一定是《新闻联播》之前的"国酒茅台，为您报时"。除了2011年，从2003年7月到2021年，每年我们都能看到茅台在《新闻联播》之前的报时，不论是"中国茅台，为您报时"还是"国酒茅台，为您报时"抑或是"茅台王子酒，为您报时"，这一系列磅礴大气的报时都足以彰显茅台酒作为领先酒企的文化传播实力。

在报时之前，《新闻联播》后还会有15秒的广告时间对央视

"国家品牌计划"的产品进行宣传，茅台就是其中之一。毋庸置疑，茅台是国家品牌的代表。央视"国家品牌计划"对茅台品牌形象的露出，对茅台国民度的加持和巩固，重要性不言自明。

在国内，央视的宣传资源辐射面很广，尤其是《新闻联播》之前的五秒，可谓黄金时段中的黄金时段。茅台能够占据这一段宣传时间，直接放大了茅台文化的宣传效果。

在主流媒体上持续"加热度"，是茅台选择的媒体聚焦战略。主流媒体影响主流人群，因此茅台外宣工作对主流媒体、主流渠道、主流平台高度重视。茅台与《人民日报》《新华日报》、中央广播电视总台这两报一媒和《南方周末》等国内主流平台保持了良好的关系，进一步强化了茅台在主流市场的影响力和美誉度。此外，在电视台和报纸方面，茅台还与凤凰卫视及《广州日报》《山东日报》等各省各地区党政报纸合作。

茅台的文化外宣要利用大平台，重大赛事和会议也是茅台选择品牌露出的绝佳机会。从北京奥运会、上海世博会、博鳌亚洲论坛、生态文明贵阳国际论坛、中国国际大数据产业博览会、酒业博览会，到央视"国家品牌计划"，这种与品牌地位相匹配的外宣投入，无形中又稳固了茅台世界蒸馏酒第一品牌的地位。

比如茅台与博鳌亚洲论坛的合作，从2006年到2020年从未间断。2020年，茅台首次以战略合作伙伴身份参与博鳌亚洲论坛年会。年会中，茅台通过现场搭建展台，建立茅台酒文化展示厅等方式，向全球精英直观展示茅台的历史、文化和品牌形象。

为抓住论坛期间强大的传播机会，茅台集团还联合博鳌亚洲论坛共同推出贵州茅台博鳌亚洲论坛成立十五周年纪念酒。这款纪念酒瓶身的右下角写有"博鳌亚洲论坛成立十五周年白酒纪念酒"，背部简介下方有一个"亚洲"的英文单词"ASIA"。

除了直接而明确的文化传播，茅台还有一些软性宣传，是其他企业难以模仿的推广方式。在2018年，飞天商标注册60周年的时候，借参加第三届丝绸之路（敦煌）国际文化博览会的契机，茅台集团拜访敦煌研究院，共同举行以"梦回敦煌，醉美丝路"为主题的飞天·茅台60周年座谈会。

飞天与茅台酒自1958年结缘开始，两者便相互成就，互促辉煌。飞天给茅台酒附加了更浓厚的中国传统文化元素，茅台酒则让飞天商标名满天下。

在座谈会上，茅台和敦煌研究院开展交流，还在敦煌进行了一系列的活动，在宣传敦煌飞天文化的同时，也推广了飞天茅台。对于茅台此次"回家之旅"，媒体进行了主角度的报道，将茅台的发展史与敦煌历史交融在一起，再一次加深了茅台酒与传统文化的联系。

比如新华网发表了专访时任茅台集团董事长的文章《"茅台"寻根"飞天"文化茅台扬帆启程——新华网专访茅台集团董事长李保芳》。搜狐网聚焦座谈会，用《敦煌茅台续前缘 飞

天·茅台60周年座谈会举行》梳理了茅台与敦煌相互成就的历程。中国新阳网则发布《飞天茅台时隔60载首次"返乡"寻根敦煌手"闯世界"》，解析了飞天和茅台是如何变成浑然一体的词组的，以及未来双方又将如何携手走下去。

借助敦煌壁画的文化宣传，进行媒体联合转发、报道，包括在门户网站上发表文章，是茅台对品牌打造和培养的绝佳宣传——软性宣传。这种方式是茅台制胜的撒手锏，其他企业难以模仿。关于这一文化事件，媒体构建了巨量的内容体系，足以触及方方面面的受众，让他们对茅台形成良好的文化印象。

茅台在选择媒体进行品牌推广时，很少会采用硬广方式，采用的大多是宣传茅台理念、精神、文化的软传播方式。这样的传播，进一步提升了茅台文化的格调及品牌的地位。

媒体对于茅台文化的传播，除了茅台主动参与的策划，更有媒体自然而然的扩散。像上海世博会、金砖论坛、"一带一路"国际合作高峰论坛等会议或重大赛事，本身就是外界媒体关注的焦点，茅台参与其中，无形中就增加了传播的机会。

这些新闻的传播范围之广，公众影响力之大，对于茅台而言，就是积极的品牌形象宣传。这种软性宣传是极度积极正向的，而且基本不存在后续的品牌维护投入。

除了在国内传播茅台文化，茅台还走向了国际，在品牌塑造上提高了亮度，拓宽了视野。例如，茅台走出国门，开展了"旧金山茅台日""茅台'一带一路'行"等自办活动，在策划、创意上下功夫，针对不同市场，不断制造新的热点，通过高水准的活动执行，进一步强化了茅台在全球的品牌形象，宣传了茅台文化。

拓展海外市场不仅能够进一步升级茅台品牌的国际形象，而且能以茅台酒为重要媒介，将中国的国粹传播至世界各地，不断巩固茅台在海外消费者心中"酿酒大师"的定位，推进茅台海外高端品牌形象的持续性塑造和传播，让茅台形象深入人心。

茅台的媒体传播是一个循序渐进的过程，从原先较为传统的途径，转到现在多种多样、新颖繁多的传播方式。顺应时代发展和需求，软性宣传成为茅台的一大特色，可以说茅台在外部环境系统中找到了最适合自身的媒体传播策略。

消费者引力：从被教育到共建文化

一般而言，消费者应该是文化传播的"终点"，但茅台的消费者却有所不同，他们非但不是茅台文化传播的"终点"，反而是茅台文化传播的新"起点"。茅台的消费者接受着茅台文化，又在社交中传播着茅台文化，他们也是茅台文化的共建者和维护者。

如果把媒体传播比作传输文化血液的"动脉"，那么茅台消费者扮演的就是"毛细血管"的角色。虽然从宏观看，毛细血管不像动脉那样动力强劲，但从微观的角度看，毛细血管覆盖面却更广，不同"器官"间血液传输的连接性也更强，这就像消费者传播茅台文化一样，尽管一次的影响范围有限，但是通

过"人传人"的方式，也能够覆盖他所在的整个圈层，并且具有良好的传播效果。因为在消费者当中，社交本身就是一种传播，口口相传有着巨大的能量。

消费者从接受茅台文化，到传播茅台文化，经历了从被教育到共建文化的转变。促成这一转变发生的，是消费者与茅台文化的情感联结。

茅台酒对消费者来说，不仅是一瓶酒，更是一种情结，承载着他们的记忆。这段记忆可能随着年龄的增长逐渐淡去，但是这瓶酒还留存着所有与之相关的情感，它们会在历史中永存。

酒伴随着人的经历和故事，走进了人们的生活，带着不同的情感，或是积极激烈的，或是郁闷消极的。所有的情感都可以留在这瓶酒中，亦可以通过这瓶酒得到释放。这瓶酒既是功能性的，又是情感性的，熔铸了你我他的回忆时刻，这是茅台酒的最可贵之处。

人生四喜喝茅台酒，正是基于茅台酒自带的情感属性。情感的交融到位了，茅台文化也因此在消费者的你来我往之间得到了传播。

消费者是最终喝茅台酒的人，他们在喝酒的过程中必然会受到深度的茅台文化感染。朋友约会、亲人聚餐、商务合作洽谈……不论是在哪一个消费场景中，只要茅台品鉴的过程发生了，茅台文化的传播也随之发生。而后，这个品鉴链条中的每一个主体，都可能成为茅台文化的忠诚传播者。

特别是一些消费者，原本可能对于茅台酒有偏见，但是在深入了解茅台文化以后，茅台的品牌形象会在他们心中得到重塑。这样一部分消费者，对于茅台品牌、文化的传播，有更强烈的意愿。

中国酒文化城的讲解员李倩如，分享了一个传播茅台文化的消费者的真实案例。2012年，一位来自济南的游客来到中国酒文化城参观，但是他对酒文化兴致怏怏，并且对当时茅台酒的高价格难以理解。他认为酿造一瓶酒的工艺没有什么难处，原料也很简单，成本自然就很低，茅台凭什么能卖到那么高的价格？因为这些疑问，他对茅台的初印象并不太好。

当时李倩如还只是中国酒文化城的新人讲解员，她学到的知识和获取的信息有限，并不能回答这位游客提出的很多疑问，于是留下了他的联系方式。经过仔细查阅，以及对车间的深度调查之后，李倩如回答了他所提出的一系列问题。这位来自济南的游客看到回答后，才了解到茅台酒生产的全过程原来需要那么多人，需要那么长的时间。

经过普及，他对酱香酒和茅台酒的印象完全改变了。并且在阅读茅台相关书籍后，还加深了对茅台酒的认识。这样的案例很多，普遍规律是在这之后，游客都会自行购买茅台酒进行品鉴，在和朋友聊天时，也会时不时提到他们所了解的茅台，成为自发传播茅台文化的消费者。从不喜欢甚至有偏见，到被茅台文化感染，再到主动传播，是许多消费者都会经历的过程，这也是茅台独有的魅力所在。

中国酒文化城是遵义市的研学基地，很多学生都会来这里参加研学活动。其中一个来自仁怀的学生，在第一次参观完中国酒文化城后，就成了这里的一名小小的志愿者。在场馆里，他会给游客发放关于酒文化和茅台酒的资料，游客询问他问题，他也能游刃有余地回答，显然在私底下没少下功夫。小小年纪，便受到了茅台文化的影响，还成了茅台文化的重要传播者。

一位来自遵义的老师，在中国酒文化城接受了两个月的志愿者培训之后，也深深地被茅台文化所吸引。此后，他不仅会在请朋友喝茅台酒时传递茅台文化，还会在讲课的时候讲到茅台酒。他认为茅台跌宕起伏的历史很能鼓舞人心，所以会用茅台酒厂的历史来鼓励学生。

就这样，很多消费者都从茅台文化的接收者，逐渐变为了主动输出者和传播者。这在消费者与消费者之间，形成了一种无形的文化引力，甚至影响到一个人的职业规划和定居地的选择。来自辽宁大连的采薇，就是一个被茅台文化吸引而改变了人生轨迹的人。《我的茅台记忆》中详细讲述了采薇的茅台故事。

采薇第一次接触茅台，能追溯到30年前，那时她还只有6岁。大连过年有祭祖的习俗，在她家电视柜最下面有两瓶茅台酒，祭祖的时候就拿两个小杯子倒满去祭祀祖先，这便是采薇对茅台最初的记忆。

2015年，采薇在同学的生日聚会上第一次品尝到茅台酒，酒体铺满舌面，口感醇厚，酒香浓郁。她瞬间迷恋上了茅台酒，自此一发不可收拾。她明显感觉到茅台酒和其他酒不同，喝完茅台酒后第二天头不疼、胸不闷，饮后舒适感极强。在那之后，她便四处查阅资料，参与大大小小与茅台相关的活动，如茅台酒节、酒博会，只为走近茅台，了解茅台。

她用了一个词来形容自己对茅台的热爱——痴迷。刚开始痴迷于学习茅台知识的时候，采薇并没有专业的书籍，她就每天晚上在微信里搜索相关文章，会专注地看到半夜两三点，就这样持续了近半年。

半年后，采薇从大连到江浙沪一带创业，那时，她对茅台的了解已经足够深入，积累了茅台酒的生产工艺、历史文化等各方面知识。

2018年4月22日，采薇专程前往茅台，参观完中国酒文化城之后，她在心中默默下了一个决心：继续深入了解茅台。当天，她观看完《天酿》演出后，站在山顶鸟瞰茅台酒厂，被眼前的景象所震撼，于是做了一个重大的决定：移居贵州！后来采薇真的在贵阳定居下来。她是被茅台文化吸引的典型案例。

常言道，兴趣是最好的老师。采薇因对茅台和中国白酒莫大的兴趣，多年来一直深耕于斯，官方认证便是对她付出的肯定。2018年12月采微到北京参加了中国酒业协会举办的三级品酒师考试，并成功拿到了证书。2019年她又考上了二级品酒师。她骄傲地感叹道："酱香型白酒对我来讲，不用喝，用鼻子闻就能知道它的质量好坏。"

在贵阳定居后,她平均一个半月就要去一次茅台,发自内心地想多了解、学习、探索关于茅台的一切。

当说到为什么会被茅台深深吸引时,采薇坦言,是茅台文化打动了她。对采薇来说,茅台是品位生活的象征,但带给她的更多是精神上的愉悦。

对于茅台的纪念酒、限量酒,采薇如数家珍。2015年推出的茅台与卡慕合作十周年纪念版,瓶身是水晶打造、纯手工制作的,价值不菲,全球限量100瓶,限量编号1～100,每瓶都有独立编号。在中华人民共和国成立60周年时,茅台推出了中华人民共和国六十华诞纪念酒,全球限量发行21 916瓶,对应从1949年10月1日开国大典到2009年10月1日60年盛典的21 916天,每瓶酒依其对应编号附送当天《人民日报》原件一份。瓶身是骨瓷做的,底座是绿松石做的,外面的酒盒是喜庆的红色。骨瓷是世界上公认的高档瓷种,很适合存酒,有非凡的收藏意义,象征着中国会越来越好,贵州会有飞跃的大空间。

她11岁的孩子,因为受她影响,也成为忠实的"小茅粉",采薇乐见其成。为了让茅台文化根植于孩子心里,她还计划带孩子多到茅台参观。

对于未来,采薇有一个设想:在贵州定居之后,深入探索中国国学文化和白酒文化的融合。采薇对白酒涉猎颇广,泸州老窖、北京牛栏山二锅头这些她都接触过,浓香型白酒的生产工艺她也学习过,但她个人还是倾心于酱香型白酒。所以,她想在贵州定居后，做一些自己喜欢的事，她的心愿是：让酱香型白酒香飘世界！

消费者是价值链中的最后一个环节，也是最终目的地。但消费者的口碑却能促成品牌生命的延续和流动，消费者从被教育到共建共享文化，这就是消费者的文化引力所在。

第六人：文化生态协作力量

外部环境系统是一个复杂的系统，除了媒体和消费者，还有诗人、作家、学者、艺术家、第三方机构，以及农民、工人、公务员等地方群众，这些人被我们统称为"第六人"，他们共同构建了茅台的文化生态，既丰富了茅台文化的组成，又扩大了文化生态的界线。

"第六人"是茅台文化生态的协作力量。茅台文化的传播范围之广，与"第六人"的扩散密切相关。

要想看"第六人"的协作力量，首先要看茅台所吸引的众多诗人、作家、学者和艺术家。他们本身就具有影响力和号召力，对于茅台文化的传播和建设，既有横向的铺展，又有纵向的深入。

比如"茅台酒是农耕文明的传承者"这一文化线索，就是第三方学者——百家讲坛著名讲师于丹的拓展成果。

在2013年的第三届中国（贵州）国际酒类博览会上，于丹围绕茅台酒与农耕文明的联系展开了演讲，以诗叙酒、谈古论今、以酒言志。

于丹在演讲中说，茅台感动她的地方在于，茅台根据二十四节气来酿造酒，传承了中国农耕文明。她认为，茅台是具有中国气质的白酒。"诗是文中酒，酒是水中诗"，于丹以其独特的演讲风格，通过对古诗词与酒的文化解读，将文化创意与酒文化相结合，生动解析了茅台文化的精髓。

在关于酒文化的解读中，于丹对茅台工艺给予了高度评价，并侃侃谈道："茅台独特的酿造方式是对中国农耕文明精髓的良好传承。"茅台能让人体味诗意的优雅诗酒人生，美酒为人们带去一份难能可贵的诗意。

于丹在演讲中说，茅台最美丽之处是蕴含其中的中国哲学。茅台是在中国土壤、中国历史里用岁月发酵起来的酒，中国人的哲学讲究的是人法地、地法天、天法道、道法自然。

茅台的秘密在于茅台酒是按中国人的历法、中国人的观念、中国人的哲学、中国人的规矩，绝不有违天地四时，酿出来的酒。茅台在天人合一中真正尊重中国哲学，使人有一份敬畏之心，谁敢违背天地四时，谁就绝酿不出茅台酒。

顺天敬人，绝不违背农时，茅台酒传承着中国古朴的农耕文明。茅台人世代谨守内心的敬畏，这才奉献了最好的工艺、最好的酒。于丹的演讲把茅台酒与农耕文明、中国哲学结合在一起，毫无疑问推动了茅台文化的传播。更为重要的是，还让茅台文化找到了在传统文明中新的依托。

除了于丹，还有许多作家、诗人也曾提高过茅台的文化阈值，诺贝尔文学奖获得者莫言就是其中之一。2019年9月9日9时9分，莫言曾到茅台参加999.9斤美酒的"长长久久"封坛仪式，并在酒厂进行采风、参观。有记者曾向莫言提问"对于茅台酒有何感官体验？"，莫言用了"只可意会不可言传"来形容茅台酒的味道，并说："我知道许多描写酒香的词语，如酒体醇厚、幽雅细腻、空杯留香等，但是对茅台酒而言，任何的形容都会显得单调。你唯有亲自品尝一下，再和其他的酒进行对比，你才能体会到其中的滋味。"酒与文学之间一直有着千丝万缕的联系，莫言的代表作《红高粱家族》就讲述了与酒相关的故事。莫言到访茅台，是文学与酒的深度应和。

古有诗人李白酒后诗兴大发写下若干旷世名作，引得后世诗人余光中叹"酒入豪肠，七分酿成了月光，余下的三分啸成剑气；绣口一吐，就半个盛唐"。茅台酒的神秘、幽雅、醇厚，也引得一众诗人来茅台镇领略，并不自主地吟咏赞扬茅台酒。

诗人余薇野在参观茅台酒长期陈酿后，写出了《坛口》诗，有"坛子里封存着满满的酒，不许有一丝香气外漏，沉默不是禁锢，寂寞滋养醇厚"之句。此外，徐俊国、梁上泉都有咏茅台的诗歌。

从1998年起，茅台就开始在中国酒文化城主办中国酒文化

节全国名家诗会，贺敬之、高洪波等 30 余位诗人参加了诗会。诗人们的情怀和感悟，为茅台文化增添了不同的色彩。

中国酒文化城是全国文联的采风和创作基地，茅台会不定期地邀请书画界的名家，包括茅盾文学奖的获得者，来茅台采风、创作。名家们创作的作品成为茅台文化传播的重要载体。通过这种方式，茅台文化能辐射更广泛的人群，并覆盖各个领域。

茅台还会开展与艺术家的文化交流活动，探讨并促进酒文化与艺术的深度融合。艺术家是构建茅台文化体系的强大外围力量，茅台酒和艺术相互推进，还能够为茅台文化相关建设提供有力支撑。

除了艺术家、学者，第三方机构也是传播茅台文化的重要协作力量。第三方机构能做到站在茅台之外看茅台，对于茅台文化的传播更加丰满，视野也更为宽广。

"第六人"属于茅台文化传播的外部环境系统，与内部系统构成了一个大的文化生态，无论艺术家、学者、第三方机构还是每一个个体，都是茅台文化生态中必须存在且无比重要的部分。这里也包括茅台镇当地的群众。

生活在茅台镇的人，都因茅台酒而自豪，甚至茅台镇当地的一位司机、一位小店的老板，都是茅台文化的自愿传播者。得益于这样一家企业，茅台镇有了现在的知名度和诸多商业机会。

茅台集团的外延很宽广，不仅涉及茅台集团的员工及家属，还包括以茅台为核心的整个生态的一群人。茅台的原料基地，带动了几十万农民增收致富。茅台也带动了上游的相关产业链。如果茅台酒不生产了，茅台周边县市的几十万农民怎么办？如果茅台酒不生产了，帮茅台生产瓶盖的工人怎么办？如果茅台酒不生产了，每年要生产上亿个玻璃瓶的工厂怎么办？基于这样的利益共同体共识，农民、工人、地方民众都会维护茅台的品牌形象和口碑，可以说茅台外的各方形成了强大的文化传播能量。

茅台文化传播与整个文化体系中的每一个部分，包括内外两个系统的茅台人，以及相关方（消费者、供应商、合作伙伴和"第六人"），都在努力打造一张宣传茅台的名片，茅台酒自然能香飘千里，茅台文化也能越传越远。

05

茅台文化无边界

新消费时代已然到来，茅台文化需要怎样的新姿态？茅台要如何跨越文化壁垒，去连接更多的人？会不会有一种新的秩序颠覆茅台文化？茅台文化要如何走向海外？太多问题涌向茅台，太多挑战横亘于茅台文化传播的未来之路上。

危机有，但生机同样也有。在民族复兴的大背景下，茅台文化存在广阔的发展空间。国潮复兴，民族自信心回归，都为茅台文化带来更多的可能性。危与机并存，茅台文化需要在自我变革中转危为机。自净、互鉴、创新，茅台在变革中展现出崭新的面貌。

过去的成就在身后，更广阔的未来在面前。站在新起点上，茅台文化既需保持谦逊自省，也要保持民族品牌自信心，勇立潮头，在民族伟大复兴的号角下，勇担向海外传播中国文化的历史使命。

挑战：文化力感染的壁垒

代际：与年轻一代之间的鸿沟

怎么让白酒接近年轻人？这一直是白酒行业绕不开的问题。白酒与年轻人之间存在着鸿沟：白酒口味太冲，口感不好；喝白酒的场合有限，严肃正式；白酒让人感觉古板，不时尚；度数过高，容易醉等原因拉开了年轻人与白酒的距离。

年轻人的饮酒需求与父辈明显不同，前者的选择更多元化，对于啤酒、鸡尾酒、红酒的喜爱超过了白酒。年轻人认为饮酒是一种新生活方式的选择，他们受西方饮酒方式影响较大，更加注重酒的口感和喝酒的氛围体验。

故此，如今社会中许多人误认为年轻人不喝白酒，可事实并非如此。《2020年轻人群酒水消费洞察报告》在2020年9月由第一财经商业数据中心（CBNData）发布，在报告中白酒、葡萄酒、洋酒是"年轻人酒单"的前三位。90后、95后逐渐在线上消费、人均消费和消费人数方面成为酒水消费的主力。令人意外的是，在白酒消费方面，年轻群体的线上白酒消费占比持续上升，90后人均白酒消费已超整体水平，年轻群体正在成为白酒市场发展的全新驱动力。[一]

在年轻一代逐渐掌握消费话语权的大背景下，许多行业都将80后、90后视为重点消费人群。如今在白酒行业逐渐达成了一个共识，谁能抓住年轻人，谁就能赢得未来。但是白酒行业作为一个传统行业，一直以来都将较为年长的群体作为重点对象，白酒文化并不能有效地触达这些年轻的白酒消费者。茅台文化传播也是如此，其与年轻一代存在着壁垒。读懂新一代的白酒消费者，是茅台文化当前必须面对的问题。

从客观来说，茅台文化向年轻一代传播还需要做更多创新。茅台由于行业定位的原因，对于年轻人的文化传递尚显传统。

从新媒体的选择中就能看出，在一定程度上，茅台对年轻一代的文化植入还不够主动，在被动地等待年轻一代的靠近。《尼尔森2018—2019酒类趋势研究报告》显示，2019年，酒类广告对35岁以下的年轻群体触达率普遍比年长群体要高，在各种各样的媒体形式之中，新媒体酒类广告对于26～35岁的年轻消费群体的成功触达率高于其他群体，移动端更甚。[二]

[一] 2020年轻人群酒水消费洞察报告[R]. 第一财经商业数据中心CBNData，2020.

[二] 尼尔森2018—2019酒类趋势研究报告[R]. 尼尔森，2020.

在移动互联网渗透大众生活每个角落的数字化时代,茅台也有所行动,开始将新媒体作为一个重点的传播方向,将对新媒体的选择重心放在了更接近其消费群体使用习惯的微信公众号上,对于年轻人集结更多的微博、B站等阵地的重视程度不够。

年轻一代对于茅台的形象认知仍然存在一定距离。更好的家庭教育和学校教育背景,让年轻一代对酒保持了比年长一代更多的自律性和克制性,且他们对于饮用场合和氛围的要求更高。

年轻一代的消费主张更为清晰个性,喜欢新潮的瓶身和有创意的售卖方式。比如红酒以"浪漫"为基调的文化传播,就迎合了现代年轻人的喜好。但是茅台的文化传播重心,主要放在了厚重的历史、繁复的酿酒工艺上,虽然凸显了茅台高端大气的形象,但也和一部分年轻消费群体拉开了距离。

除了饮酒习惯,年轻人的消费观念也在逐渐发生变化。日本作家三浦展在《第四消费时代》中写道,从1912年起,日本经过了四个消费时代:第一消费时代,少数中产阶级享受消费,时代特点是个别城市大城市化和西方化;第二消费时代,日本经济高速发展,消费重视物质;第三消费时代,崇尚名牌和奢侈品;而如今,日本进入了第四消费时代,消费开始回归实用主义,回归内心的满足感,返璞归真。[一]发达国家的发展经验能给我们以启示。中国年轻群体的消费倾向,也逐渐出现从

[一] 三浦展. 第四消费时代 [M]. 北京:东方出版社,2014.

复杂化向简约化转变的趋势。尤其是近年来，年轻人对于"光瓶酒"越来越青睐。光瓶酒是指可以直接看到瓶身的酒，去除了繁复夸张的包装。以往，光瓶酒大多是低端和廉价的代名词，但是近年来消费观念去繁就简，光瓶酒市场逐渐扩大。《尼尔森2018—2019酒类趋势研究报告》中写道，在对光瓶酒的消费人群的研究中发现，相对于整个白酒消费人群，口感和醉酒度，是光瓶酒的消费人群最关注的两方面。[一]

光瓶酒的消费人群尤其喜爱口感特别、回味悠长、度数较低的酒品，他们重视的是微醺之感，是一种氛围和生活品质。

光瓶酒的崛起，是消费习惯变迁的一大证据。茅台要怎么抓住年轻一代的消费迭代？要想跨越代际的鸿沟，将白酒年轻化，必然要靠文化，但最困难的也在于文化。

怎么把茅台文化和茅台酒本身的魅力传达给年轻人，稳固茅台的未来市场，是茅台接下来需要解决的问题。在这个过程中，茅台已经有一些创新性的做法，比如茅台集团旗下的悠蜜果酒，就是迎合当下年轻人新消费观念的一大代表。但是怎么让茅台的主打产品53度飞天茅台也通过一些文化创意和产品创新，去"笼络"年轻人，仍然是值得思考和探寻的。

江山代有消费者出，有千年厚重历史的白酒企业，从传统中走来，站在多元文化交汇的当下，怎么用文化触及年轻人的

[一] 尼尔森2018—2019酒类趋势研究报告[R].尼尔森，2020.

心底,是对茅台文化传播的挑战。

亚文化:局部文化的冲击

代际之间的消费文化差异,带来了茅台文化年轻化的问题,与此同时,茅台文化还面临着其他的文化壁垒,局部文化——亚文化的冲击就是其中之一。

亚文化一词,是次文化的同义词,最早来自美国学者大卫·里斯曼。他率先提出大众和次文化的差别,并将次文化诠释为具有颠覆精神,认为大众是"消极地接受了商业所给予的风格和价值"的人,而次文化群体则"积极地寻求一种小众的风格"。

亚文化(次文化),顾名思义,是相对主流文化来说小众、局部的文化现象,指在主流文化的背景下,属于某一区域或某个集体所特有的观念和生活方式。一种亚文化不仅包含着与主流文化相通的价值与观念,还有属于自己的独特的价值与观念。

亚文化和主流文化既对抗又合作,但最主要的还是对抗。亚文化主要产生于青年群体中,他们对于主流价值观和成年人的社会秩序往往会采取一种颠覆的态度,富有反叛的意味。比如近年来,由于无法满足一定社会标准而产生地位挫败感的青年群体掀起了一股以"佛系文化"和"躺平文化"等为代表的亚文化风波,对主流文化造成了冲击。除此之外,"宅文化""潮

文化"和"酷文化"等亚文化也成了青年亚文化的重要阵营。

种种社会现象都表明，近年来，亚文化在社会中的占比更胜于以前，对主流文化造成了一定冲击。对属于主流文化的白酒文化而言，亚文化也会对其造成一定冲击。

众所周知，茅台酒是中国传统酒文化的传承者。但是由于亚文化注重的是自由表达，可能会对白酒文化有自我理解，在这种理解中，容易产生文化认知上的偏差。比如，年轻人对白酒相关消费场景中产生的"酒局文化"的理解有所偏差，可能会影响其对白酒文化的理解。虽然"酒局文化"并不是真正的白酒文化，但是基于青年人对"酒局""酒桌"的反感，对权威和传统的打破，亚文化可能会直接颠覆其对白酒文化的想象，会对中国主流文化中的白酒文化造成冲击。

亚文化是值得茅台乃至整个白酒行业关注的。那些非主流的、小众的、个性的、分散的文化要如何与白酒文化融合，是我们需要思考的问题。

茅台文化作为中国白酒文化的正统代表，需要警惕一些新兴亚文化对于茅台文化可能造成的冲击。这在食品行业已有"前车之鉴"。在饮料市场称霸了几十年的统一、娃哈哈等老牌果饮企业，就在元气森林等新型果饮的崛起下，经历了行业发展的动荡。未来，白酒行业中会不会出现这样一种动摇茅台文化正统地位的新酒饮文化，谁都无法预料。

除了产品，还有很多历史都能证明亚文化对于主流权威文化的冲击和拆解。以茶艺文化为例，茶艺文化是中国传统文化的一大代表。明代徐渭曾用"茶宜精舍，云林竹灶""松月下，花鸟间""素手汲泉，红妆扫雪，船头吹火，竹里飘烟"等句来描写煮茶环境的清幽静雅。茶艺文化具有东方含蓄的审美，也反映着中国人的性格。但由于亚文化的越界，淡水烹茶的传统茶艺文化受到了冲击。

近年来，"茶"字频繁出现在网络用语中，有了更多的符号含义。"红茶""绿茶"等词语也成为一种新兴性格的代名词，久而久之，网络中也就多出了另一种"茶艺文化"。"茶艺文化"将人按"茶"分类，甚至刮起了一股"茶艺照"的不良风潮。所谓"茶艺照"，其实与传统茶艺八竿子打不着，而是指一种穿着清凉的拍照方式。对传统茶艺而言，这是一次明显的越界冲击。真正想了解和学习茶艺的人，在网上搜索"茶艺课"时，一眼看去满屏却都是"茶艺照"，非但没有获取到有关传统茶艺文化的知识，还对茶艺文化产生了误解。毫无疑问，这种风潮对于中国传统茶艺文化圈层产生了一定程度上的冲击。

白酒文化也要警惕类似于亚文化给茶艺文化带来冲击和伤害的事件发生。亚文化可能也会抢占白酒文化符号，面对这一风险，白酒企业应该逐渐走下神坛，去权威化，主动接近年轻一代，隔绝亚文化"解构"白酒文化的可能。

随着社会进一步发展，亚文化未来势必会占领更多的领域，如何坚守传统文化的传播阵地，是茅台等传统行业领军企业需要思考的问题。在新的文化语境下，如何保证传统文化

不会失落，如何用健康、优雅的传统文化去影响新兴一代，这既是一种企业传播的需求，又是一种必须肩负的社会责任。有人说，如果土地上不种花朵，就会长杂草，因此，一方面，茅台文化需要警惕亚文化；另一方面，也要对亚文化进行良性引导，引导亚文化群体的共同价值和文化的基本取向。

消费文化：酱酒热下的文化冷思考

从2019年开始，酱酒企业就集体按下了扩产按钮。2020年，酱酒进入了第二轮扩产期，酱酒企业纷纷扩产，产能从千吨转万吨。2021年，数百亿元资本涌入赤水河谷，酱酒市场不断升温，呈现井喷式发展。白酒行业内，"资深玩家"纷纷扩产，产能为数千吨的新厂房不在少数；白酒行业外，来自金融、房地产、区块链、家电等各个领域的"新手"纷纷摩拳擦掌，等待入局大展身手。

酱酒投资热持续升级，资本"围猎"茅台镇。传统文化中有"投鞭断流"的典故，意思是把所有的马鞭都投到江里，就能截断水流。这一典故可以嫁接到酱酒的投资狂潮上：如果把"围猎"茅台镇的资本换成百元面值的人民币，投入水中，那么赤水河可能会被堵住。㊀

赤水河谷的"投鞭断流"，是酱酒热的一个典型代表场景。

㊀ 摘自梅岭的《资本围猎茅台镇》。

在赤水河谷之外，全国掀起的"浓转酱""浓改酱"热潮，也为酱酒热添了一把柴火。

四川地区原本是浓香型白酒的主要产区，但是在酱酒热的浪潮下，许多浓香型白酒企业开始转向生产酱酒。到2021年，川酒"六朵金花"除了剑南春，其余五朵都已进入酱酒领域。但四川产的酱酒和贵州产的酱酒有一定的区别，所以被称为"川派酱香"。比如五粮液的永福酱酒、舍得酒的吞之乎都是"浓转酱"热潮中生产的川派酱酒。

除了四川地区，湘桂鲁等地也有产酱酒的酒厂，只不过其规模小且知名度不高。比如湖南地区的武陵酒、山东地区的云门春、广西地区的丹泉酒等。酱酒生产在全国各地全面开花，从星点状生长到井喷式发展。

有人说，酱酒热实际就是茅台热。茅台对于整个酱酒行业的引领和带动作用，是显而易见的。茅台文化对于酱酒工艺的传播，功不可没。但是当酱酒热达到一定程度的时候，也会有人未雨绸缪。

从世界发展的客观规律来看，盛极必衰、物极必反是事物发展的必经之路，行业也一定存在起起落落，当下的酱酒热势必会有"冷"下来的一天。风起于青萍之末，智者见于未萌。茅台作为行业的先锋，必须在酱酒热下进行文化的冷思考。

首先要明确的是，当下的酱酒热，不代表全链条热。从行业链条来看，酱酒热只是局部热，主要集中在投资热和代理

热，消费者一端反响不均衡。酱酒热在消费方面的表现，集中体现在白酒产品的超高端和高端价格带上。相较于前者，处于中低端价格带的白酒产品的热度明显不足。所以从整体来看，投资和代理端更像是"剃头挑子一头热"，普通消费者并没有热起来。

消费者对于酒的消费追求一直在变化。1979年以来，消费者对于酒的选择经历了三次迭代。1979年到1990年前后，以汾酒为代表的清香型白酒最为流行，消费者钟爱清香型的口味。1990年前后至20世纪初，以五粮液为代表的浓香型白酒销量一骑绝尘，一度超过全国白酒市场的一半。而近十多年来，茅台在资本市场和实体市场不断刷新纪录，引领了酱香型白酒的热潮。

从清香为主到浓香为上，再到消费升级阶段酱香的崛起，消费者对于白酒的追求是在不断变化的。人的消费习惯和口味，是影响白酒行业周期轮转的关键因素之一。消费习惯的更迭决定了消费市场的面貌。由于酱酒特定的酿造工艺要求，其生产周期长达5年。这就意味着新一批酱酒进入生产流程，5年之后才能成功问世。如果5年以后，消费者的口味和饮酒习惯发生变化，有诸如第四消费时代的新消费文化出现，以茅台为代表的酱酒企业可能会在市场遇冷。

此外，要明确的是，文化的感染力是建立在良好的物质基础上的。而在酱酒热的表面现象下，很多深层次问题都在滋生。比如，酱酒企业集体跃进，行业发展大趋势向好，但是与此同时，也有不少酒企经营还处于粗放阶段，特别是在品质上。其中不乏一些酱酒热中不理智的行业乱象，比如部分酱酒小企业胡乱生产"窜香酒"，引发行业品质危机，这就是"后院起火"砸了贵州酱酒的招牌。

酱酒品质不稳，行业立足的根基也就不稳。在食品行业中易发生"劣币驱逐良币"的现象，一旦酱酒出现质量问题，很容易触发酱酒热的泡沫现象。面对酱酒热的表象，茅台必须在文化上进行深层次的冷思考。

尤其是在当下，在茅台文化的引领下，酱酒文化的过度传播也可能会引起消费者的反感，而且这种反感不会只浮于表面。如何适度传播酱酒文化，既让消费者被酱酒文化打动，又不会心生抵触，对这个度的把握需要一些功力。

应该说，酱酒热的兴起，乃时也，运也，命也。未来时运会怎么变，酱酒文化将如何把握大趋势，如何延长酱酒的春天，是茅台这样的龙头企业需要潜心思考的事情。

地域：饮食文化差异

中国人的"味"千差万别。一方水土养一方人，中国地大物博，气候各异，东西南北的饮食都有各自的特色。经过长年累月的发展，各地域独特的饮食习惯，本身就沉淀为了一种文化。而这种饮食文化的城墙，恰恰是地方文化坚实的保护力量。

想要完全翻过这道饮食的城墙，就要征服中国人的舌头和肠胃，其难度好比让中国人脱胎换骨。因为中国人对食物的记忆是刻入骨髓的。每个地方都有饮食偏好，比如山西人爱吃面食，如果让他们天天吃米饭，他们受不了；反过来，如果让地处西南的贵州人天天吃馒头，他们也咽不下。

作家梁实秋曾写道："偶因怀乡，谈美味以寄兴；聊为快意，过屠门而大嚼。"饮食文化是贯穿人一生的基因符号。不同地域的人对食物有不同的偏好，白酒作为一种饮品，也与消费者的饮食偏好息息相关。北方人通常偏向于清香型白酒，吃涮羊肉得配二锅头、烧刀子；天寒地冻也得喝二锅头、烧刀子，别的酒不够味儿。所以虽然浓香风靡天下，酱香强势崛起，但是北方仍然是清香型白酒的主要阵地。

四川地区的人爱喝浓香型白酒，四川也生产许多名优的浓香型白酒。俗话说，酒不入川，意指其他地区的白酒想要在川地打开市场较为困难。因为中国目前的主流白酒香型——浓香型白酒，就盛产于四川。五粮液、泸州老窖两大浓香型白酒品牌在全国知名度极高，由两者引领的"六朵金花"的盛放，促成了川酒满天下的盛况。川酒历史底蕴深厚，川人拥护家乡酒的情感也很浓烈，不易接受其他香型。

而江浙一带又有喝黄酒的历史，至今这里的人仍保有饮用黄酒的习惯。黄酒历史悠久，底蕴深厚，品性温和，是中国最传统的饮品之一。虽然现在黄酒在全国已经算不上主流酒类饮品了，但是在绍兴人的饭桌上，仍然离不开黄酒。应酬交际如此，家人聚餐团圆也如此。江南一带钟爱黄酒，一是因为南方气候适宜饮用黄酒；二是因为黄酒度数低，较烈酒更为养生。

饮食文化中包含着中国人的自然观和物用观。不同的饮食文化，支撑着不同香型酒的发展。从中国人的饮食地图上看，人对于酒饮的偏好与地域和味觉都有直接关系。所以茅台文化面临着难以突破的地域文化壁垒。

虽然目前茅台引领了酱酒热，但是就酱香型白酒对于白酒市场的占领地区来看，区域分布很不均衡。在中国国内，河南是中国白酒第一大消费市场。根据河南省酒业协会公布的数据，2020年，河南酱香型白酒的流通规模超过200亿元，超越浓香型白酒，成为河南白酒消费的第一大香型。河南成为国内酱香型白酒的最大消费省份。据统计，河南市场的收入约占茅台收入的十二分之一。

除了河南，国内另一大酱香型白酒消费市场是广东。广东省食品流通协会数据显示，2020年在广东260亿元容量的白酒市场中，酱香型白酒的销售规模达到126亿元，占比达到48%，市场份额也超越了浓香型白酒。[一]此外，山东也是酒水消费大省，2020年山东酱香型白酒市场的销售规模达到了150亿元，并且还在持续扩容。

虽然河南、广东、山东这三个酱酒消费大省充分凸显了酱

[一] 摘自《南方都市报》的《酱香酒进入"中场竞争"阶段，腰部酱酒品牌布局市场谋求突围》。

香热的大趋势，但是在国内也有很多省份不习惯酱酒的口味，具有明显的饮食文化城墙。比如，新疆、西藏、云南等地有着独特的饮酒习惯，外来的酒饮和食物难以找到对接的文化之引。

此外，其他香型酒的产量够多，已经培育出了大量的忠实消费者，能够推动自身香型的良性发展。但酱酒的产量相对来说非常有限，对于消费者群体的培育不足。因此要去感染这样一部分人，中间还存在鸿沟。

当然，茅台无意侵占其他香型酒的市场。只是在茅台文化的未来发展道路中，难免会遇到饮食文化所构筑的壁垒。这种壁垒看似无形，却有着强大的保护作用。茅台文化要想跨越饮食文化的鸿沟，进一步壮大和繁荣，就必须融合和吸收地域文化的营养和价值。饮食文化承载着当地独特的民俗风情、审美情趣、人文价值等文化倾向，是地域文化中独特的文化关隘，但是这一关隘并非没有突破口。比如川菜，不仅能走入全国市场，还能征服外国人的胃。茅台文化也与地域饮食文化具有一些共性。

从研究当地人消费习惯、地域风俗、传统价值等入手，可以找到一个地区的市场消费共性，从而找到文化切入的切口。茅台文化要吸收和借鉴当地地域文化的优秀成分，从而实现和当地饮食文化的有效结合。

美食美酒是一家。为什么中国人每年能喝大量的白酒？因为中国的白酒大多是在社交聚餐时举杯共饮消灭的。聚餐畅饮，是中国人沟通感情的一大法宝。茅台如何借助中餐在世界舞台崛起，做足聚餐文化，打破国内外美食文化和美酒文化的壁垒，是亟需探讨的问题。品尝日本料理不佐以清酒会缺乏诗意，这已是大众的共识。那么，中国的白酒企业也要努力让白酒成为中餐的诗意搭配。

对茅台文化而言，肩上更重大的责任，是帮助中国美食走向世界。

机遇：民族复兴与文化自信

中国文化自信

面对百年未有之大变局，中国作为世界第二大经济体，在第一个百年奋斗目标——全面建成小康社会实现之后，向着第二个百年奋斗目标前进，以实现中华民族的伟大复兴。

文化是一个国家、民族的灵魂。在新时代，在塑造一个社会的政治和经济行为上，文化越发成为一个关键因素。随着中国经济崛起，文化价值回归，变成了时代所需，我们需要文化自信。文化自信是更基础、更广泛、更深厚的自信，也是一个国家持久发展的不竭动力和兴旺发达的重要支撑。

中国的文化自信在回归，中国的酒文化也在复兴。在中国历史中，很早就有酿酒的记载。早在东汉时期，就已经存在具有系统流程的蒸馏酒技术了。在国际学界，中国是公认的第一个发明蒸馏酒技术和蒸馏酒的国家。数千年来，中国酒的酿造遵循"天成之美"的法则，讲究天地人和出好酒。尽管随着社会生产条件的进步，白酒行业也迈向了全新阶段，但千年承袭来的自然酿造文化，仍在中国白酒行业内遍地生花。

中国的酒文化还和诗词有很密切的联系。诗酒文化是中国传统文化的典型代表，很多文人墨客在吟诗作赋时，酒都是不可或缺之物。

中国的疆域广阔，从最北边的温带季风气候到最南边的热带季风气候，南北跨越了近50个纬度。中国酒的酿造与自然地理环境的联系十分紧密。赤水河谷的独特地形孕育了贵州酱香酒；在四川盆地中多酿造浓香酒；湖北、湖南有小曲酒基因的谷烧酒，不论是浓酱兼有，还是馥郁香，都独具地方特色；在江西盛行特香型白酒，用大米代替高粱作为原料；在华东、华中，有苏派和徽派的浓香，地域关系上两者很近，酒香自然遥相呼应；山东是芝麻香；山西是清香……这些都与地理环境有着不可分割的关系。

在中国北方，有北京的二锅头、东北的烧刀子、西北的青稞酒，各具地方特色，但都闻名遐迩。而在中国南方，广西有米香型酒，广东有玉冰烧，台湾有金门酒、马祖酒。中国的白酒种类之多，可以构成一幅白酒地图。地图上流淌的不仅仅是酒香，更是中国酒文化的魅力，是华夏文明悠久而多元的体现。

中国的文化自信源于历史上的方方面面，酒文化就是其中

的显性代表。历史的车轮滚滚向前，必将把白酒文化中的璀璨之处送到人前，使世人惊叹不已，在中国，亦在世界。白酒文化乘着中国文化自信的东风，必将再次扬帆起航，成功实现白酒价值回归。

茅台这一优秀的企业个体，处于中国这个大环境之中，可以肯定而自信地说，茅台具有高度的民族自信和文化自信。

未来的白酒市场，一定是持续宣扬白酒文化的市场；推动白酒营销方式进化的，一定是白酒文化的回归。中国古代酒文化丰富多彩，是值得挖掘的一大方向，但如今我们身处现代社会，文化就势必要和当下接轨，抓住当今的时代潮流，找寻白酒文化和社会主流价值观的契合点并用当下的语言和审美观来传递，同时还要提出针对具体时代具体分析的白酒文化策路。"中国白酒企业对文化和品牌的塑造应该从'厚古薄今'向'厚今薄古'转变"，中国酒道研究专家委员会主任沈怡方说道。

茅台抓住了大力倡导中国文化自信这一机遇，提出茅台酒要达到中国酒文化的极致，彰显出了茅台是白酒领域中国文化自信的代表。茅台在文化战略道路的行进中不断加强力度、拓展宽度、加深深度，通过挖掘中国传统文化资源谋求发展，这是白酒文化自信的一大体现。

中国文化自信不仅在中国大地上得以彰显，更体现为走向全球，让世界了解中国酒文化的故事。如今世界经济一体化越发明显，各国联系越发紧密，文化交融胜过以往任何时候，白酒要走出国门，尤其需要文化自信，要像孔子学院一样把酒文化传播到海外的各个角落。

坚定中国文化自信是我国传统文化价值回归的大背景，茅台要在文化发展中不断寻求新机遇，就必须一如既往地在中国历史文化中探索、挖掘，保持茅台文化自信柔软如水，同时又坚毅如铁。

国潮复兴

近年来，奋斗在中华民族伟大复兴的道路上，中华民族自信心大大增强。在此基础上，国潮开始大规模复兴。

国潮复兴，是指人们在新时代对旧记忆和传统文化的再传承与再发展，通过将传统元素与新的消费文化、消费偏好相结合，唤起人们对悠悠华夏文明的精神共鸣。茅台酒作为中国酒文化的优秀传承者，在国潮复兴的机遇中有得天独厚的优势。

对茅台来说，国潮复兴是一个接近大众的机遇。众所周知，在白酒领域，随着政策、消费习惯的改变和消费水平的提高，白酒消费群体以商务和大众消费为主，居民购买力的逐步提高和稳定，使得高端白酒市场的基础更坚实。

在茅台大众化消费持续增加的今天，国潮复兴赋予了茅台文化广阔的空间。特别是最近两年，国潮成为从商业到艺术等多领域的热门话题后，年轻人开始主动拥抱一个个带有鲜明特

色的国潮品牌，开始在流行文化中找寻国潮存在的各种印记。茅台酒是中国酒文化的传承者，国潮也顺理成章地成了茅台文化营销的要点所在。

中国酒是茅台对于自身的定位。茅台与国潮两相结合，有很多文创营销和文化跨界合作机遇。实际上，茅台已经结合中国优质传统文化打造了一系列国潮传统文化酒，如贵州茅台酒·陈酿·燕京八景、茅台生肖酒、茅台醇系列酒等产品。

中国传统文化之中，名胜古迹是文化遗产式的存在。茅台结合国潮，挖掘名胜古迹背后的文化品位，在2020年年初推出贵州茅台酒·陈酿·燕京八景系列。一套八瓶，分别以"燕京八景"太液秋风、西山晴雪、卢沟晓月、居庸叠翠、琼岛春阴、玉泉趵突、蓟门烟树、金台夕照为文化主题。

酒瓶瓶身以清朝画家张若澄的《燕山八景图》为主设计，乾隆题诗为辅设计，外观为"棕色釉四方八棱瓶"，古铜木纹瓶盖上篆刻"京"字，整体庄重大气。瓶中装茅台陈酿酒体，酒香与诗情画意相融。诗情雅致，画意隽永，传递了中国古典美学和茅台酒特有的东方神韵。

中国传统文化博大精深，蕴含的文化种类繁多，生肖文化是其中典型的民俗文化，更是中国传统文化中的活文物。茅台与生肖文化结缘甚早，2014年，茅台集团首开生肖酒的先河，此后每一年都会推出一款茅台生肖酒。

这种将酒文化和生肖民俗文化融合的巧思不仅体现在"拳

头产品"飞天茅台中，在系列酒阵营里亦是遍地开花。自2014年开始，茅台每年都会推出贵州大曲生肖酒、茅台王子酒生肖酒、赖茅生肖酒等生肖系列酒。

2020年，茅台还与中国集邮总公司展开合作，以"福娃之父"韩美林为中国集邮总公司亲手创作的十二生肖邮票为主题，共同为子品牌茅台醇开发了邮票文化酒。这是一次"邮票"与"白酒"的跨界碰撞，亦是一次有生肖文化参与的白酒边界拓展。

茅台依靠前瞻性，打造了生肖酒这一具有中国特色的匠心国潮产品。引领生肖酒市场八年后，2021年茅台再次创新，首创行业生肖酒文化巡展，再一次推进了国潮与茅台文化的深度融合。

茅台不仅在生肖酒、年份酒等独特产品中嵌入国潮风尚，在常规产品中也开始加入大量国潮元素。茅台醇·天青便是一次成功尝试。

一抹天青色，一朵莲花缓缓盛开，瓶身碧绿色，字体醒目，这便是茅台醇·天青。天青一名源自宋徽宗诗句"雨过天青云破处，这般颜色做将来"，文化底蕴深厚，风姿绰约。

茅台醇·天青瓶身设计采用简约的流线型瓶身纹样，与传统宋朝汝瓷相结合，以天青色为底色，色调柔和隽永，透出如玉般的莹润清澈，给人以亭亭玉立之感。瓶身设计婉约典雅，瓶中所盛的柔和绵甜酒体亦与之相呼应，演绎出"雅于形，清于心"的极致美学，贴近当下中青年消费者的消费方向和精神世界。

茅台醇·天青不仅重现清雅宋瓷美学，在产品设计上紧跟国潮复兴热潮，还在2021年5月现身电子音乐节现场，与电子音乐进行跨界融合。传统板正的白酒与五光十色的电子音乐节，二者看似相去甚远，无甚关系，但是它们在茅台醇·天青以"CHUN"为名举办的电子音乐节上得到了完美的融合，由此叩开深圳年轻消费者的心门。

音乐会现场，七位知名且独具个性的国潮电子音乐制作人组成"新时代七贤"。魏晋竹林七贤是中国文化上的一个高地。杜牧有诗，"大抵南朝皆旷达，可怜东晋最风流"，魏晋竹林七贤是魏晋风流的"半边天"。"新时代七贤"意在致敬魏晋竹林七贤，所以音乐会现场也出现了绿竹元素。观众一边品用茅台醇·天青勾调的鸡尾酒，一边与七位电子音乐制作人互动，与"竹林七贤"在林中酣然畅饮，形成了古今呼应。

这种奇妙的搭配，是中国传统文化和西方现代文化的独特碰撞，是美食文化和曲乐艺术的融合。在电子音乐之中，"国"和"潮"两个字体现得淋漓尽致。通过这种方式，年轻一代能在他们熟悉的新式音乐之中感受中国传统酒文化的无限魅力，从而打破对传统白酒的刻板印象。

茅台在中国国内要掀起国潮之风，在海外更要不遗余力地传播中国国潮。伴随着茅台走出国门，蕴藏在"年味儿"中的中华文化、人文风俗已经不断传播至海外。在2020年元旦之际，祥云、瑞兽等传统文化符号便以平面广告为载体，亮相法国巴黎戴高乐机场，以中国独有的古朴风雅，带领海外友人在美好视觉中享受中国传统文化的熏陶。

戴高乐机场是欧洲的交通枢纽，也是世界上最发达的机场之一，茅台在此投放的平面广告，是四幅高达32米的中国风巨幅海报。四幅海报分别以麒麟平安、仙鹤迎春、锦鲤报喜、龙凤呈祥为主题，将中国民族品牌与传统文化元素相结合，向欧洲乃至世界送上来自中国的新年祝福。

麒麟、仙鹤、锦鲤、龙凤，都是中国神话中的瑞兽和吉祥之物。它们寄托着中国人独特的希望和情感，代表中国人对平安、春天、喜事、吉祥的渴盼和追求。茅台用瑞兽和神物作为海报的核心元素，充满独特的东方韵味。

古人认为，麒麟出没处，必有祥瑞，它将给人们带来平安、幸运和光明。茅台将麒麟元素应用于巨幅海报之中，是希望以此为契机，将中国神秘、浪漫的传统文化展现给法国乃至全球友人，吸引海外中国传统文化爱好者深入探索博大精深的华夏文明。

而仙鹤是中国传统文化里的"吉祥鸟"，它的步态优雅，风姿绰约，是高雅、吉祥的象征。"仙鹤迎春"海报上，振翅翱翔的仙鹤、被朵朵祥云簇拥的红日，与画面正中央的茅台酒一同展现出中国传统文化独特的魅力。而仙鹤迎春这一主题，则预

示着茅台这一传统民族企业将与时俱进，不断在新时代中焕发活力。

要说"锦鲤报喜"，就不得不提到"鲤鱼跃龙门"这一寄托着中国人才情、远大志向的著名典故。鲤鱼身披红鱼鳞逆流而上，向着目标奋勇拼搏的精神，折射着茅台等中国民族品牌走出国门，瞄准国际标准打造民族精品、世界品牌的决心与坚持。海报中的锦鲤与茅台交相辉映，向海外友人阐释着茅台生生不息、奋勇向前的精神。

最后的"龙凤呈祥"是中国传统文化的缩影。龙一直被认为是中华民族的图腾，而龙凤呈祥素来被中国古人用来寓意吉祥如意。茅台将产品与中国传统文化中的文化图腾相联系，意在让国际上的潜在消费者近距离品读中华文化，了解中国美学，领略中国民族品牌承载中华文化扬帆出海的英姿。

茅台投放这四幅海报，不仅是一次营销活动，还代表了茅台对中国传统文化的坚守与传承，是国潮向世界的传播。茅台利用戴高乐机场高达6亿人次的年客流量，以及其欧洲交通枢纽的地位，成功将中国民族品牌的风貌与中国传统文化的魅力呈现给了法国、欧洲乃至世界友人，使得茅台品牌的国际化进程踏上了一个新台阶。

借助国潮复兴，茅台在推动海外传播的道路上，增添了许多新的色彩和风貌。新的历史机遇下，茅台始终注重文化输出、彰显大国魅力，以科学缜密的文化营销形式和节奏，以及扎实稳健的市场拓展步伐，引领越来越多的海外友人通过茅台这扇窗口了解中国传统文化，领略现代中国的大国风貌。茅台的馥郁酒香，可以伴随着中国国潮文化，飘向世界各地。㊀

㊀ 摘自茅台国际发表的《茅台与国潮碰撞，中国风席卷法国巴黎！》。

变革：走出舒适圈

自我净化

茅台文化背后是深厚的历史、人文、工艺、环境等综合凝聚的文化体，厚重、独特、不可复制。但任何文化都需要不断地接纳、吸收、净化，随着时代的发展，茅台文化走上了自我净化之路。

一直以来，茅台文化都有着极强的自我净化能力，这是茅台文化始终能保持正向发展的密钥。古语云："知人者智，自知者明。"茅台文化对自我的画像，从来都有明晰的照见。所以哪怕在茅台文化强大到全民皆知的今天，它依然保持着自省和自我净化的能力。

茅台文化"吾日三省吾身"的觉悟，来自茅台酒的工艺本身。茅台酒的核心酿造工艺是历代酒师在不断扬弃中留下的瑰宝。由工艺生发演进出的文化内核，也具有工艺不断蜕变的基因，所以决定了茅台文化勇于反思的气质。

有这样一种清醒的认识做支撑，哪怕面临着种种挑战，茅台文化也能在自我净化间保持文化拔节生长的能力。

每个时代都有当前所要匹配的文化。茅台文化需要自我净化能力，是因为在不同发展阶段，茅台文化需要不断更新其内涵。

比如，"文化茅台"的提出，就是对茅台文化进行的一次大升级。此前，茅台文化以15.03平方公里的核心产区、独特的传统工艺、丰富的历史文化内涵，凝聚内部，影响外界。"文化茅台"提出后，更表达出茅台的独特精神追求和文化主张，以及茅台积极参与国家的文化传播事业的决心，体现出了应有的情怀、精神和担当。

在一系列国家大事上，茅台勇担文化责任，勇提民族主张，展示出了与其地位相称的品牌精神形象。

从"茅台文化"到"文化茅台"的战略转变，是茅台文化自我净化和升级的一个关键举措。通过自我净化，茅台不但有效优化和系统塑造了强有力的文化表述，及时进行了文化的升级和迭代，还修复了茅台文化的软肋。更高的精神追求和价值观，让茅台品牌具有了更高层次的内涵，并且脱离了物质属性，真正向文化属性跃升。更重要的是，文化升级还让茅台摆脱了标签化和形象的空洞化，成了中国精神的真正代言人。

修身、齐家、治国、平天下，是中国人的传统理想。茅台

文化在自我净化和升级中，摆脱了修身和齐家的小主张，迈向了天下层面的大格局。茅台的文化气象也随之形成。

由于茅台文化的强辐射效应，在较长时间内，茅台对消费者的反馈响应得不够主动，并没有对茅台品牌和文化的传播进行过系统的市场调研。

2019年之后，茅台经过自我审查和净化，开始进行品牌传播方面系统的市场调研，及时掌握消费者对茅台文化的接受度，由此为茅台文化传播的年轻化变革打下了基础。

向更远的时代看，茅台文化还进行了很多的自我变革。放大而言，茅台文化的生长演进，本身就是文化自我净化的结果；缩小来看，茅台企业文化的不断升级，也是文化自我净化的一个重要侧面。

在历史中，在时间里，茅台文化就是从不断的自我净化中过来的。岁月长河已经洗涤了茅台身上的灰尘，帮助茅台文化去粗取精，让文化保持了整体的协调面貌，也沉淀了茅台文化自我净化的习惯。辩证地看，近在咫尺的挑战，确实让茅台文化看到自己的不足；但触手可及的机遇，也让茅台文化探见了未来的增长空间。

未来，茅台文化应该怎样自我净化才能转危为机？须知文化的自我净化，不是全盘剥离原文化，而是在坚固的传统文化基础上，结合新时代新境况，吸收新养分，形成新的文化面貌。

自我净化和不断升级，都是保证文化之树长青的必要手段。根基为本，不论怎么净化和升级，都不能动摇茅台立身的核心和根本：工艺、品质和品牌文化。只有在这一前提下进行文化的自我净化，去糟粕取精华，才能保障文化的繁荣和昌盛。

文化自我净化是一个持续的过程，所以并没有一劳永逸之策，而需要不断地发现问题，解决问题。通过自我净化，茅台文化才得以向内审视，向外打开，不断开启一段又一段新的征程。文化发展必然有阻碍，但也意味着更上一层楼的可能。

文化互鉴

茅台文化是流动无形的水，而非已定型的木材。除了自我净化，茅台文化还在不断通过文化互鉴走出舒适区。实际上，开放互鉴这一观念深深烙印在茅台文化之中。茅台文化丰富至今、繁荣强大的一大原因，就是茅台文化始终保持着一种对外学习的开放心态。

包容吸收，融会贯通，学习是茅台文化的一大特点。在企业的发展过程中，茅台在传统的企业模式、文化模式、生活模式上嫁接过许多新的观念，接纳了许多新的可能。茅台深知，文化只有通过不断交流互鉴，才能保持生机蓬勃。

茅台文化要想更上一层楼，眼界必然要放开。世界知名企业的文化亮点，可以为茅台文化提供思考。享誉世界几百年的

知名企业，它们的文化传承和发扬之路是怎样的？如何精准找到自己的文化焦点？如何进行文化创新和升级？这些问题，都可以从这些企业的历史中获得灵感。

比如，世界顶级腕表品牌百达翡丽对于时间文化的深度挖掘，就是值得借鉴的一面文化镜子。百达翡丽一直坚持在传播中将时间和品牌紧扣在一起，打造了"与时光同行""手腕上的时间记录者""用时间来打造时光记录的载体"等品牌形象。始于1839年的百达翡丽，本身也成了时间文化中的璀璨一环。

腕表是陪伴人类记录阴晴圆缺的最佳伙伴。在时间氛围的营造下，很难有人会拒绝百达翡丽。腕表的"轴心"就是时间，百达翡丽基于对时间文化的挖掘，找到了品牌最精准的焦点。百达翡丽对于时间文化的打造，能够给予茅台文化挖掘和传播上的启示。

把目光收回国内，茅台也在向其他酒企学习的过程中，找寻拓宽文化之河的渠道。茅台要组织规模化的品鉴会，就会从其他白酒企业高规格的品鉴会中汲取灵感。但是，茅台文化从来不是单纯的"拿来主义"。茅台开展规模化的品鉴会，虽然起步较晚，但仍然有自己的独到之处——不仅传递了深厚的茅台美学，还在将茅台文化与当地的地域文化相结合方面做了一些尝试。

针对不同企业（比如小米、华为、京东及一些世界500强的中国企业）的核心客户，茅台还会策划不同主题的品鉴会。比如2021年4月，茅台就与小米旗下的新生活方式电商——小米有品联合举办了"逢知己"品鉴会。品鉴会地址选在北京隆福文化中心，会场古色古香，颇有韵味。春光四月，小米有品邀请核心客户一起"品酒、知酒、识酒"，既能传递茅台的文化，又能帮助小米有品传达品牌理念，起到互借平台的双赢效果。

在"逢知己"品鉴会中，茅台还邀请了马未都先生做客，分享他与茅台的结缘及对茅台的感情，从用户和产品层面对小米有品和茅台的知己关系做了诠释。当下是一个意见领袖文化为先的传播时代，通过影响一个有影响力的人，比影响一个普通的消费者所收获的传播力度和广度都会更大。

除了白酒行业，茅台率先在中国酒业开启跨品类酒企合作，与青岛啤酒、绍兴黄酒进行密切会谈，促进了白酒文化、啤酒文化、黄酒文化的深度交流和互鉴。比如，啤酒消费人群总体偏年轻化，其文化传播策略可以帮助茅台文化更好地触达年轻人。而黄酒悠久的历史及其近乎苛刻的品质追求，也有许多值得茅台互学互鉴之处。茅台与青岛啤酒、绍兴黄酒互通有无，也能助力茅台文化更好地向外界传播。

在酒业之外，茅台文化也在和其他领域的文化进行交流互鉴。2021年5月，中国文物学会会长、故宫博物院原院长单霁翔到访茅台，为茅台人分享了一场名为"坚定文化自信，做中华传统文化的忠实守望者"的主题讲座。单霁翔以"万里走单骑，世界遗产里的中国"为主线，用翔实的资料和朴素的语言，向茅台人传递了中华传统文化和中国世界文化遗产背后的

人文故事，进一步坚定了茅台人的文化自信。

在未来，茅台与外界的跨界合作将会扩大。这种跨界合作不仅局限于酒和文化的合作，还有多种模式上交流和互鉴的探索。茅台期望在跨界合作的过程之中，产生1+1>2的效果。

作为一个传统企业，如何从传统中走出来，真正影响到年轻一代，是茅台一直在思考的问题。不管怎么说，茅台的明天还是由当下这些年轻的消费者决定的。为了继续服务20年后的市场，茅台会一直保持开放的姿态，等待越来越多国际化、专业化的咨询机构及第三方机构进入茅台，带给茅台不一样的生机和活力。

通过开展频繁的跨界文化交流和互鉴活动，茅台积极地将先进文化"引进来"，也让茅台文化大胆地"走出去"。茅台"走出去"的文化互鉴经典案例，当数与敦煌研究院的交流。1958年，为适应国际市场需求，经原国家轻工业部批准，茅台酒借用在西方有很大影响的"飞天"形象作为商标，为茅台和敦煌研究院两方埋下了渊源。2018年，茅台以首席战略合作伙伴身份参加第三届丝绸之路（敦煌）国际文化博览会。抱着"回家和感恩"的心态，茅台拜访了敦煌研究院。

敦煌莫高窟是丝绸之路上最为璀璨的明珠，也是中华文明和世界文明的重要遗产。余秋雨先生曾说，看莫高窟，不是看死了一千年的标本，而是看活了一千年的生命。茅台到敦煌研究院拜访，是一场文化的寻根之旅。

在这趟旅途中，茅台文化与敦煌文化进行了深度的交流和互鉴，其丰富的成果为茅台探索和推进文化建设，提供了许多中华文明珍贵的营养。

茅台与敦煌研究院两方共建的长期、深度的交流与合作机制，让酒与文化跨界融合，共同促进了中国优秀传统文化的传播。敦煌文化发轫于雄浑苍凉的大漠，历任研究院院长都俯身文化事业，用一生的时间守护莫高窟。他们是长年驻足于此的"守窟人"，也是弥足珍贵的"文化守夜人"。

敦煌研究院"守窟人""一生只做一件事"的精神，与茅台人酿好每一瓶茅台酒的工匠精神相吻合。

除了敦煌研究院，茅台还向故宫等传统文化高地学习取经，让传统文化释放出新的魅力。在不断学习互鉴的过程中，茅台将彼之长纳为己用，用自身独特的语言、视角和文化背景，去讲述自己独有的文化。

文化创新策略

在文化成为主战场的竞争格局下，文化创新对企业未来的发展而言，越来越像牵引的绳索。茅台长期处于卖方市场，又是国有企业，所以在文化创新的力度上与其他私营企业存在一定差距。但是近年来，在时代潮流的冲击下，茅台也提出了不少文化创新的策略，其中包括针对年轻群体的茅台文化接入策略。

道格拉斯·霍尔特和道格拉斯·卡梅隆在其著作《文化战略》一书中指出，所谓文化创新，是指一个品牌传达了创新的文化表达。文化表达是关于身份认同的关键，是关于归属感、认同感及身份地位最基本的素材，而品牌已经成为以文化表述开展市场营销最重要的商业工具。茅台所传递的文化表达，很大程度上基于人们在社会生活中对身份地位的认同。

进入21世纪，茅台经历了几个发展阶段。从追赶人的角色跨越到引领者的角色，茅台面临着许多变革性的时刻，也有许多需要细细思量和改革之处，但这并不成问题。茅台文化中一直有创新的基因，历史上的许多创新举措都有效推动了当时的发展，不论是从卖酒到卖文化的转变还是文化茅台战略，都是茅台打出的一手文化好牌。

历史的积淀给予茅台底蕴和力量，茅台文化历史和中国酒文化历史，是茅台丰富文化创新策略的不竭源泉。结合时代的切实需求推出文化创新策略，就是应对挑战的不二法宝。任时代风云变幻，茅台自有其不可替代之处。

面临新的挑战和变革机遇，茅台致力于开发新的文化资源，并力求探索文化产业的新型发展模式。对文旅和文创的大力开发，即是茅台利用文化资源拓展周边产业的创新模式。

细论起来，茅台探索文旅融合的开始时间很早，中国酒文化城就属于文旅融合的典范。但是茅台的文旅在之前都只是"配套设施"，没有真正发挥出文旅对于产业牵引的"主角作用"。茅台在文旅方面的文化创新策路，是要进行文化资源的整合，把旗下重要的文化窗口和矩阵，比如中国酒文化城、茅酒之源等整合到一起，沿着工业旅游、文化旅游的方向真正开发一些精品路线，将文旅板块打造为茅台的一个新增长极。

深度文旅融合是茅台文化传播和发展的一大新路径，但是茅台的文旅却有一个必须考虑的"硬伤"，就是茅台镇的生态承载能力。旅游的附加值很大，但茅台的土地资源十分有限，生态管控也极其严格，不可能让全国各地的人都过来一睹茅台真容。

所以茅台的文旅发展存在天花板。但是如果在文旅的基础上，把茅台的文化魅力附加到其他小物件，比如茶杯、手机壳、笔和本子等上面，进行文创产品的开发，这一潜力将是无限大的。

在文创产品开发方面，市场中已有成功案例。故宫是近年来深入挖掘文化资源，创新文化传播表现形式和表达方式的典范。在传统印象里，故宫是庄严、历经风霜的皇城，与普通消费者距离遥远。但是故宫通过近年来对于文创产品的开发，向外界传递了一种新的形象。

故宫将文物藏品的文化内涵赋予物美价廉、美观实用的日常产品，不但售卖了备受消费者青睐的文化特色产品，还在无形中传播了故宫文化的内涵。

茅台作为一个坚守传统工艺的制造企业，和故宫有诸多相

似之处。比如两者都有一直坚守的底线，但也有积极拥抱新潮流的魄力和勇气。

2020年年末，茅台与故宫经过交流，就在文创开发、人才培养、世界文化遗产保护等方面建立长效合作机制达成了意向。这是茅台文化探索新传播方式的新台阶。

故宫是中国传统文化的明珠，茅台酒的酿造工艺是中国农耕文明的遗产。从根本来说，茅台和故宫文化同根，发展同向。茅台与故宫的合作，是自身特色的优势互补，也是共同传递民族文化的强强联合。

通过交流和学习，茅台探索了更加广阔的文化建设空间。借助文创产品传播茅台文化，其深度和广度将不可估量。有深厚的文化底蕴和强大品牌的背书，茅台文旅、文创跨界传播，大有文章可做。

文化创新没有天花板。茅台在未来的发展中，必须走出舒适区，积极主动探索产品和产品体系的创新迭代，还要通过文化传播、推广、营销的创新，向更多消费者传播茅台文化，满足其日益增加的文化需求。

关于茅台未来文化传播、推广的思考构想，茅台可以开行业先河，打造首个中国白酒企业建立的主题高端艺术馆。这个艺术馆可以为中国知名的、顶尖的文化人士提供采风基地、创作阵地、展览平台。学者、诗人、作家、书法家、画家等文化界、学术界人士通过这个艺术馆汇聚一堂，在艺术基地中找寻灵感来源，再有感而发，创作出独一无二的、难以用市场价值来衡量的作品，其中当然也包括与茅台相关的作品。这不仅仅是一个采风、创作、展示基地，更是一个文艺界人士文化交流的场所。这一艺术馆若是横空出世，必将引起酒业和文艺界的震动。

如今消费者对于文化艺术的需求在日益增加，不仅有对国内文化的需求，也有与世界文化接触的需求，他们更加向往高端文化艺术活动。茅台最近几年一直坚持海外传播战略，向国际市场蔓延枝叶。茅台通过冠名重大的中国对外文化交流活动来提高国际知名度，如中国乐团在悉尼歌剧院的演出等。借助在高端文化艺术活动上的露出，提高品牌层次，这是茅台打造国际影响力的一大途径。

茅台针对年轻群体市场的文化创新策略也不在少数，如前述的茅台文化体验馆和品鉴会。在体验馆和品鉴会之中，在充满茅台元素的新式场所中，参与者接触茅台产品，接受茅台文化的熏陶，这样，茅台就走进了他们的心中。这些创新举动表明，茅台的一些产品虽然定位高端，但茅台并不会冷傲，也有一颗向往情感表达、与知己谈笑风生的心。

国际化：文化连接世界

跨越消费习惯

中西方文化差异自古以来便存在，对于饮食的消费习惯自然也有所不同。世界对白酒的认同和接受，目前还比较有限。"让中国酒文化走出去"是当今茅台海外战略的重要抓手：让海外消费者感受到的不只是白酒，还有璀璨夺目的中国文化，以此来跨越消费习惯的差异。

中西方饮酒文化差异良多，中国人长期以来奉行"酒事即人事"，主要表现在宴会文化中。中国人喜欢喝白酒，酒是社交的载体，仪式感体现在行酒令上。中国的文化中包含混沌文化，"微兮恍兮，存乎一心"，因此中国人喝酒也是"醉翁之意不在酒"，喝的是"情绪"，是"心境"，把酒当作升华情感的工具。

西方人强调个人，他们喜欢独酌品酒，享受轻松、幸福的氛围，很少干杯和一饮而尽。西方人钟爱的是红酒、鸡尾酒，就算喝烈性酒一般也不会超过40度。他们喝酒的仪式感体现在更高级的酒具、更浪漫的氛围、更严格的醒酒上,讲究在晃动的酒杯中品味佳酿。西方人看重"酒"本身,"一是一,二是二",把自己和酒区分开来,他们充分尊重酒的性质和味道,重视酒的多样化、个性化,关注不同酒的特点,突出酿酒师的作用。

我们对茅台国际化的认识,很大程度上来自茅台在"一带一路"沿线国家举办的活动。实际上,早在20世纪50年代,茅台的足迹就已经到达了今天的"一带一路"沿线国家。1954年,茅台酒赴印尼展出。1955年,茅台开始在马来西亚、新加坡等东南亚国家注册销售。㊀

茅台比较大型、全面的海外推介活动从2015年开始,从美国、俄罗斯、意大利、德国、南非一直走到澳大利亚,2019年,还走进了南美、非洲。㊁2021年数据显示,茅台在全球64个国家和地区有104家海外经销商,在五大洲(亚洲、欧洲、美洲、非洲、大洋洲)均有经销商。㊂在中国出口白酒排名前十的国家中,"一带一路"沿线国家的占比较大。

在深入国际市场的过程中,茅台主要面临物质上和精神上

㊀ 中国贵州茅台酒厂有限责任公司.中国贵州茅台酒厂有限责任公司志.[M].北京:方志出版社,2011.

㊁ 摘自李铁和戴世锦的《茅台一瓶难求开始延伸至全球,"这是四年来海外市场发生的最明显的变化"》。

㊂ 摘自新华财经的《融入"一带一路",茅台靠什么香飘海外》。

两方面的阻力。物质上的阻力主要是酒的度数。中国白酒多是高度酒,茅台外销的经典产品——飞天茅台酒就达到了53度,再加上白酒辛辣的口感,对西方人来说着实有些令人望而却步。精神上的阻力则是指中国文化在世界大文化体系中的渗透依然不足,尤其是北欧等地对中国文化了解甚少。

如何破局?当然是靠文化,靠酒文化、诗酒文化、饮食文化。站在茅台的角度来说,则是靠讲好茅台的文化故事。

茅台在向海外传播文化的过程中,要把中国酒文化作为中国饮食文化的一个横截面进行推广。中国丰富多彩的饮食文化,是西方人充满好奇并有极大兴趣探索的宝藏。

借饮食文化的角度切入,跨越五味,去讲述中国历史和茅台的文化故事,助力茅台形成独特的文化旗帜和品牌形象。

据瞭望智库研究,在海外传播方面,茅台已获得了丰硕成效。一方面,面向海外用户,茅台从"集灵泉于一身,汇秀水东下"的赤水河、"天人共酿道法自然"的古法酿造传奇、酿造茅台酒所需的特色原料红缨子高粱,以及山清水秀的黔南风光等多个方面,将茅台这一彰显贵州特色的"地理性标志产品"全方位地展现在世界面前。

另一方面,由于很大一部分西方人对神秘的中国古典文化很感兴趣,茅台便从文化细节入手,利用李白、杜甫等著名的诗人,甚至是佐酒小食来传播诗酒文化。

茅台整合海外社交媒体平台资源进行联动传播。不仅与分散在五大洲的经销商一同配合举办线下活动，还在日常的线上互动过程中形成传播网络，以点带线，以线带面。除此之外，茅台还出现在海外官方国际赛事、大型公益活动、文艺演出之中，让茅台文化在世界开花。由此，茅台形成了品牌的文化声势，让国际消费者能直接有效地接触到茅台酒，品味中国文化。

这在无形之间增强了中国文化和茅台文化对海外受众的吸引力，为海外消费者跨越消费习惯，接受茅台酒埋下伏笔。因为只有海外消费者先接受了中国的酒文化，才能接受对他们而言很独特的茅台酒。

茅台酒一直以传递中国的酒文化为己任。大概从2016年起，茅台就开始在海外社交媒体上发力，每月策划若干个主题，以向海外友人传播中华文化，深化民族品牌形象。确定主题后，茅台会上传有关该主题的文化内容，借助Facebook、Twitter等海外社交媒体为海外粉丝打造一个"云"游茅台的平台。通过各类创意互动和优质内容输出，茅台不断传递正能量，建立起了海外粉丝与茅台的情感联系，并展示出一个万物复苏的美丽中国。

许多海外粉丝在茅台的各大平台账号下留言表示，茅台为他们打开了一扇观赏中国美景，感知中国春意的窗口；同时也在他们心中埋下了希望游历中国的种子，"如果未来有机会，我一定要到中国贵州的茅台镇去看一看，细细体会茅台酒的味道，那将会是一场醉人的旅程"。

茅台海外社交媒体账号发布的帖文的曝光量和互动量都很高，这彰显着茅台在传播中华文化和推进"中国制造"闻名于世的进程中所取得的傲人成果，表明茅台品牌的国际形象已日渐深入人心。

在构建海外社交媒体传播矩阵的过程中，茅台着重在微小之处挖掘各种有趣的玩法和营销方式，培育具有世界竞争力的文化个性，寻求助力中华文化弘扬世界的方法论。

除此之外，茅台更是实时把控海外动态，将海外社交媒体平台作为传播自身文化价值和民族文化精华的主要阵地。结合当下热点，茅台灵活运用各种潮流玩法推进品牌国际化的进程，在全面提升茅台文化海外影响力的同时，也为中华文化走向世界提供了不竭动力。

茅台海外社交媒体传播矩阵的建设和运营，为国内其他民族品牌"走出去"提供了很好的借鉴和参考，并通过一系列"本地化"营销传播方式，受到了各国消费者的高度认同。

随着80后及90后一代的崛起，酒类消费市场呈现出年轻化的趋势。在此背景下，茅台审时度势，在海外本土化、年轻化传播方面做了诸多尝试。例如，借助西方万圣节、圣诞节等节日，茅台举办了多种多样的线上互动活动，参与者可以通过充满趣味的小游戏加深对茅台品牌的印象，从而在文化上与茅台产生情感共鸣。

茅台通过在海外市场打出丰富的文化牌，为跨越中西方消费习惯做出了持续不断的努力。

世界酒文化多元一体

文化具有相通之处,文化的延展可以连接西方和东方。所以从理论上讲,"品味一杯茅台酒,就像在品味中国的文化"完全可以实现。酒的世界是相通的,中国酒文化和世界酒文化之间没有打不破的隔阂。特别是人类关于酒文化的探索和想象,其本质上是一致的。

从表层看,不同的民族有不同的饮酒性格,所以关于酒的口味、浓淡选择都有着多元性和差异性。

美国人喜欢混搭、融合的鸡尾酒。英国人则钟爱威士忌的琥珀色和浓郁的烟熏味,仿佛酒中自带老牌贵族和绅士的派头。法兰西是一个浪漫的民族,喜欢葡萄酒像玫瑰般在酒杯中绽放。俄罗斯人的直爽粗犷,在伏特加中也有所体现。日本和韩国审美偏东方,对酒的选择也有直接的体现:含蓄、干净、文雅。而中国人的性格温和圆润,崇尚"中庸",所以产生了口味适宜的黄酒和白酒。

一方面,世界酒文化呈现出多元性,不同的民族对于酒的爱好和口味有所不同,看起来有着难以逾越的鸿沟;但另一方面,全世界热爱饮酒的民族,又有着共同的饮酒情感需求,呈现出一体的特征。

人们为什么要喝酒？因为情绪和情感需要得到释放和表达。人们喝酒，不是为了喝一种变了味道的水，而是为了解乏，为了消愁，为了快乐，为了六欲七情，为了喜怒哀乐。酒沟通着人类可以相通的情感和情绪。人的复杂和纯粹，都在一杯酒中体现得淋漓尽致。

所以世界酒文化虽然呈现出各异的面貌，但在日益增多的交流和交融中，也成了不可分割、相互依存的整体。中国人的传统酒饮是白酒和黄酒，但中国人也向往浪漫，所以中国人也爱喝红酒。这说明世界酒文化虽然多元且具有差异，但也能够和谐共生，甚至可以彼此融合。

中国酒文化和世界酒文化，都是在人的情感需求上成长起来的。世界酒文化是多元一体的，茅台可以通过文化连接全世界。

首先，从酒文化的根源谈起，世界酒文化同根同源。东西方文化中都存在这样的观点：酒的产生与人类的祖先猿猴有着紧密的关系。中国自古就有猿猴造酒的故事。数万年前，群居深林中的猿猴在外出觅食时，捡到落在地上的熟透的野果，它们将吃不完的野果存放在石洼中。时间一长，野果便自然发酵，猿猴品尝到这些带酒味的野果后，觉得奇异而美味，便集体采摘，贮藏野果，"酝酿"成酒。在唐代李肇《唐国史补》中，还记录了人类利用猿猴爱酒的习性而捕捉到猿猴的故事。

而在西方，学者则把发酵看作比火更伟大的发现。一直以来，西方都在进行"醉猴假说"的研究。"醉猴假说"认为人类具有出众的酒精分解能力，可以在食物匮乏时期食用发酵的水果，获得保全族群的优势。

东西方酒文化的根源，都来自古人类的美妙发现。虽然伴随着人类族群的迁移，数万年间，不同的气候和自然环境催生了世界各民族纷繁复杂的酒文化，但是其基本演进过程却遵循着一种共同的规律。也就是从其源头来说，世界酒文化存在许多共通性。

比如在世界各民族文化中，酒都占据了极其重要的位置。西方人说啤酒是液体面包，说威士忌、白兰地及伏特加等蒸馏酒是生命之水。《圣经》中记载，耶稣对其门徒讲："面包是我的肉，葡萄酒是我的血。"

而在中国的第一部诗歌总集《诗经》中，涉及酒的就多达几十首。这投射出了一个现象，在先秦时期，酒就已经成了中国人在宴会上的重要饮品。宋朝朱肱在《北山酒经》写道："大哉，酒之于世也！礼天地，事鬼神，射乡之饮，鹿鸣之歌，宾主百拜，左右秩秩，上至缙绅，下逮闾里，诗人墨客，渔夫樵妇，无一可以缺此。"上至庙堂，下到江湖，很多人都离不开酒，酒已经融入了中国人的文化性格，成了不可或缺的一部分。

在东西方文化中，酒不仅地位相当，其作用也有着共通性。世界上喝酒的民族大多有一种文化共识：酒不仅是物质的产物，更是精神的连接体。自由、艺术和美三位一体，酒的精神性又与自由、艺术、美息息相关，因此，脱离了物质性的民

族酒文化能和世界酒文化交互融合。

世界酒文化，和而不同，又和而趋同。茅台在用文化连接世界的过程中，也一直循着中国古人"和美""和睦"的"义理"。茅台文化的传播，绝对不是文化侵略和输出。文化的触角不同于武力和强权，文化像春风一样，有融化坚冰的作用，润物细无声。就像茅台文化传播所依赖的"共创、共建、共享"大生态一样，茅台文化在与世界酒文化的交流和交往中，都以和为贵，以互相尊重和互相学习的平等原则为基础。

茅台文化连接世界酒文化，是一个自发的过程，并非刻意的人为安排。历史的机遇，给了中国文化和茅台文化连接世界的机会，因为人类命运共同体需要先进文化的引领，需要多元一体的交流与融合。

古老的酒饮，是人类早期舒缓压力的良药，是消除疲劳的滋补剂。而在今天，世界各民族的酒文化，也给人以情绪上的熨帖和抚慰。这是世界酒文化的价值和魅力。酒的精神无所不在，酒的世界也五彩斑斓。世界各民族酒文化的发展，都是推动世界酒文化发展的中坚力量。

美国有鸡尾酒，法国有葡萄酒，英国有威士忌，日本有清酒，而中国有白酒。世界各民族的酒饮都带着各自的民族性格，在交流中互鉴，在碰撞中融合，美美与共，最终走向和谐共存、至善至美的文化大融合境界。

后 记
茅台的文化哲学

风吹红粱地,一年丰收季。回想起在茅台探索的时光,一缕酒香贯穿始终。

盛夏,考拉看看头部企业研究中心的创作者们刚来到这片土地,一阵酱香味就扑面而来,不止在鼻尖,还于周身萦绕。我们深知,探寻茅台文化背后秘密的路途或许并不同于想象。这是一个独特的企业,它为世人所皆知,但因位于西南一隅而蒙上了一层神秘的面纱。它的高营收、高市值使得来到茅台镇的探索者络绎不绝,无人不想获取标杆企业背后的经营秘诀、文化密钥。而这把钥匙,现在就在我们手里。这又是一个极简、纯粹的企业,简单到在一定程度上可以用"质量第一,爱岗爱国"来揭秘茅台文化,这是茅台赖以生存的根本理念。

文化是根,是枝繁叶茂的大树根系,是凝聚茅台人的根本元素。没有人,企业就不复存在;若不能凝聚起企业中的人,便也只是一盘散沙,用不了三五年,这个企业或许就消失在历史长河之中了。因此,在谈物质性概念的同时,我们要谈文化。

茅台文化不是虚的,它要去哪里找?答案是去茅台这些活生生的人身上去找。历史记载的是茅台文化,教科书里、宣传册上写的是茅台文化,茅台酒里传递的也是茅台文化,但是,比这些更让人触动的茅台文化是茅台人。他们是什么样子,有什么样的理念与价值观,有什么样的做酒风格,有什么样的精神,茅台文化就是什么样子的。

首先是质量。我们所到之处,见到的每一个茅台人,都把质量文化刻入心中。在国营茅台酒厂创立之前就已是如此,简单的两个字实则有万钧之重。

其次是爱国。当一位从小在茅台厂区长大的茅台人说出"以厂为家"这四个字时,你会感到,茅台人能够把厂真真正正地当作一个家,能够把茅台放于心上。茅台和茅台人不只是共进退、共奋斗的关系,而是命运共同体的关系,他们乐厂之乐,忧厂之忧。

漫步在赤水河谷旁的茅台酒厂中,思绪偶尔会飘回几十年前的贵州茅台镇,乡情和地域文化像根绳子般把人们拧在一起,小家和大家融洽无间。赤水河是美酒河,更是母亲河,是生于斯长于斯的茅台人之间的纽带。

再次是坚韧。我们曾登山爬楼弯弯绕绕至山间的制曲车间,这是平原地区的人们难以想象的工厂地形,但是在这复杂的山地地形中,却饱含了茅台人开山辟地的坚定信念。越是阻力重重,越要迎头当先,勇立潮头,无论在哪个时期皆是如此。茅台的成长并不是一帆风顺的，在中华人民共和国成立初期，茅台经历过不少磨难，可这难掩其本身的卓越。茅台在国内和国际上的重要场合不断出现，作为中国的代名词，为国争光。

站在制曲车间二楼的阳台，遥望层层叠叠群山一片，霎时之间，内心开阔敞亮。满眼充盈着绿色，目光所及之处，除了繁茂的树木林立，其他全是茅台的生产车间，这是茅台的宝藏，是酱香美酒之所以浓郁醇厚的源头。

可是站在赤水河谷边，面对同样的风景，却有着截然不同的感受。四周皆是大山环绕，好像这天地都被群山所裹挟，百姓的生存之艰难，生活之不易，可想而知。茅台人在群山之中挑起了生活的重担，把辛苦的汗水化为酿制的美酒，把群山的生息带入了茅台酒，这是大自然独具匠心的创造。

制曲车间里的女孩们带着满脸晶莹剔透的汗珠和曲灰在曲块上"跳着芭蕾"。几年前，刚进厂的她们还满脸青涩，但如今已经变得沉稳。对年轻女孩来说，踩曲给她们带来的体力上的压力尤其大，而且她们还需要每天忍受灰头土脸，但是从成为一个茅台人开始，她们就已经将这份工作的汗水化作了荣耀。她们驻足于此，酿造出来的一瓶瓶茅台酒却已经代她们行走了万里路，南至好望角，北至符拉迪沃斯托克。

最后是自信。在茅台酒厂里，我们所接触的茅台人脸上都洋溢着自信的微笑。这是企业带给他们的自信，也是产品带给

他们的自信。他们深信自己酿造着中国最好的白酒，所以有着宽广的眼界和胸怀，有着善者能容的大气度。

我们在茅台还体会到茅台人对于紧紧相连的国家命运的重视。这种浓浓的家国情怀令人动容。若你去问十个人，九个人都会有这种情怀，另一个人的情感则会更强烈。

时间能够酿造经典，对于白酒行业，尤其如此。不论是腾讯、阿里巴巴、华为、TCL，还是吉利、娃哈哈、方太，不同企业的气质不同，但考拉看看在为这些企业服务的过程中总能感觉到时间的力量及对质量的恪守，这是亘古不变的法则，亦是颠扑不破的真理。

茅台如今作为一个营收千亿元的企业，却没有盛气凌人，而是始终保持着谦逊的心态，向外部世界学习。不论是出国交流，还是和国内酒企竞合关系的搭建，都是茅台作为一个负责任的企业所具有的姿态。茅台顶层设计的谦逊，会影响到茅台的员工，这是一整个图层结构的上下关联。在公益事业上，茅台也未曾停歇，我们所了解到的只是其中的一部分。不仅有针对贫困大学生一年一亿元的资助项目，还有基础设施方面的投入，如茅台机场、茅台医院的建设及对高铁修建的投资，疫情捐款更不消多说。

独特地域文化之下，茅台工艺世代相传，我们可以看到传承的力量和生机在他们身上的体现。父传子，师带徒，传的是技艺，更是精神，茅台人的精神在茅台酒厂的历史中熠熠生辉。刨根问底得其魂，茅台的文化哲学，其实就是茅台人的精神——极致、包容、坚韧，我们深感于这种精神的形态万千，像水一般，热可沸成薄雾，冷可冻至坚冰。因为没有形状，没有边界，所以博大、宽容、幽深。这就是茅台文化的哲学秘密。

70余年风云跌宕，茅台在书写它的历史，考拉看看作为见证者，与有荣焉。酿酒和写作有着诸多相似性，我们都在创造精品，都渴求在时间的长河中留下一道痕迹，也都在向外、向后传递和传承。创作和酿酒，都是一群人的事，聚星火才可燎原。言尽，意却无尽。

策划机构

考拉看看
KOALA CAN

考拉看看是中国领先的内容创作与运作机构之一，由资深媒体人、作家、出版人、内容研究者、品牌运作者联合组建，专业从事内容创作、内容挖掘、内容衍生品运作和超级品牌文化力打造。

考拉看看持续为政府机构、企业、家族及个人提供内容事务解决方案，每年受托定制创作超过2000万字，推动超过200部图书出版及衍生品开发；团队核心成员已服务超过200家上市公司和家族，包括褚时健家族、腾讯、阿里巴巴、华为、TCL、万向、娃哈哈及方太等。

书服家
FORBOOKS

书服家是一个专业的内容出版团队，致力于优质内容的发现和高品质出版，并通过多种出版形式，向更多人分享值得出版和分享的知识，以书和内容为媒，帮助更多人和机构发生联系。

写作 | 研究 | 出版 | 推广 | IP孵化

电话：400-021-3677　　网址：Koalacan.com